품격 있는 황혼

품격 있는 황혼

브라이언 그로간 지음 | 김학준 옮김

바오로딸

품격 있는 황혼

2025년 6월 12일 교회인가
2025년 11월 14일 1판 1쇄 발행
2026년 1월 20일 1판 3쇄 발행

지은이 | 브라이언 그로간
옮긴이 | 김학준
펴낸이 | 이은아
펴낸곳 | 바오로딸

01166 서울 강북구 오현로7길 34
등록 | 제7-5호 1964년 10월 15일
전화 | 02) 944-0800 팩스 | 987-5275

취급처 | 중앙보급소
전화 | 02) 984-3611 팩스 | 984-3612

값 17,000원

이메일 | edit@pauline.or.kr
인터넷 서점 | www.pauline.or.kr 02) 944-0944
ISBN 978-89-331-1582-4 03230

주님, 하루 종일 저희를 지켜주소서.
날이 저물고 저녁이 찾아와 바쁜 세상이 고요해지며,
삶의 열기가 가시고 저희의 일이 끝날 때까지.
주님, 당신의 자비로 저희에게 안전한 거처와 거룩한 휴식,
그리고 마침내 평화를 허락하소서.
우리 주 예수 그리스도를 통하여 비나이다. 아멘.

성聖 존 헨리 뉴먼

차례

1부 나이 듦의 영성

2부 죽음의 영성

3부 영광의 영성

1부

나이 듦의 영성

글을 시작하며

진정으로 깊이 있는 삶의 모든 기쁨은

그대가 만든 머드파이를 사람들에게 보여주는 데 있다.

우리가 서로의 머드파이를 기꺼이 내어놓으며

따뜻한 공감을 나눌 때

삶은 가장 아름다워진다.

제임스 맥도날드 토번J. M. Thorburn

머드파이

머드파이(진하고 달콤한 초콜릿 파이로, 진흙처럼 생겼다고 해서 붙여진 이름)의 이미지는 나에게 상당히 매력적으로 다가온다. 무엇보다 그것은 우리의 기원과 연결되기 때문이다. 하느님께서 우리를 땅의 흙으로 창조하셨고, 그런 이유로 사실 우리는 하느님의 머드파이라고도 할 수 있다!(창세 2,7 참조) 또한 이 이미지는 진흙에서 뒹굴며 놀던, 즐거웠던 어린 시절로 나를 다시 돌아가게 한다. 더 나아가, 이 이미지는 내가 만난 몇몇 노인분들이 자신의 삶을 설명하는 방식을 잘 담아낸다. 세상의 기준으로 특별할 것 없는 삶을 살아온 그들은 '그 많은 세월 동안 내가 이루어 놓은 것이 과연 무엇인가?' 하고 겸손하게 묻는다. 이에 대한 최고의 대답은 '하느님은 바로 지금 그대로의 당신을 사랑하신다'는 것이다.

하느님은 지금의 당신을 사랑하신다. 강점과 한계, 삶의 기복을 경험한 있는 그대로의 모습 말이다. 하느님은 당신의 겸손을 사랑하신다. 잘 알다시피, 겸손humility이라는 단어는 진흙을 뜻하는 라틴어에서 유래했다. 당신은 점점 약해지고 있지만, 오히려 이것은 하느님께서 조금씩 더 당신에게 개입하실 수 있게 함을 의미한다. 나이가 들어갈수록 우리는 '점점 땅으로 이끌려', 결국에는 어머니 대자연의 품에 안기게 된다.

더욱이 머드파이 이미지는 내가 쓰고자 하는 것에 대해 무엇인가를 말해준다. 49세의 나이에 세상을 떠난 성 토마스 아퀴나스는 짧은 생애를 마칠 무렵, 자신이 하느님에 대해 쓴 모든 것이 현실과 비교할 때 '지푸라기'였다고 말했다. 나이 듦에 대해 글을 쓰는 것도 종종 이와 같이 느껴진다. 어떤 이들은 오랜 경험으로 나보다 더 도움이 되는 글을 쓸 수도 있다. 내가 얼마나 대단하다고, 인생의 황혼기를 어떻게 보내야 하는지 다른 이들에게 제안할 수 있단 말인가? 그렇지만 나는 나이 듦이 나에게 무엇을 뜻하는지 성찰하고 공유할 수 있다. 성찰은 분명 좋은 것이다. 소크라테스가 말한 대로 반성하지 않는 삶은 가치가 없다. 그러나 우리가 삶을 성찰하게 되면, 삶은 여전히 위험하긴 해도 아름다운 위험이라고 할 수 있다. 그래서 나는 당신의 따뜻한 배려에 나의 머드파이를 보여주고, 당신 역시 자신의 머드파이를 만들어 보라고 초대하고 싶다. 당신은 이 책에 당신만의 장章을 덧붙일 수 있다!

무엇이 하느님께 달려있는가?

나는 성경 말씀을 부드럽게 전달하기 위해 하느님의 관점에서 글을 쓰려고 노력한다. 노년에 관한 책은 주로 경제적, 심리적, 사회적, 의료적 시각과 같은 인간의 관점에서 시작한다. 인간의 나이 듦을 신神의 관점에서 서술한 책은 매우 드물다. 바로 이 신의 관점이 우리가 여기서 활용하게 될 렌즈다. 이 책은 당신의 재무 상담자, 주치의 혹은 가사도우미가 당신과 어떤 관계를 맺고 있느냐에 대한 책이 아니다. 나의 근본적인 질문은 '인생의 노년기에 하느님은 우리를 어떻게 만들고자 하시는가?'이다. 이 질문에 대한 답은 우리가 견뎌야 하는 약해짐과 고통을 이해하도록 도와줄 수 있다. 우리는 이를 통해 상실과 쇠약을 받아들이고 그 속에 감춰진 보물을 발견할 수 있게 된다. 대부분의 사람들은 노년의 시기를 두려워하기에, 이때를 잘 헤쳐가기 위해서는 도움이 필요하다.

한 친구는 만날 때마다 "나이가 들어간다는 건 결코 좋은 게 아니야!"라고 말한다. 이 시기에 맛보는 쓴맛의 물이 과연 카나에서 있었던 기적처럼 포도주로 변화될 수 있을까? 이따금 앞에 있는 가장 좋은 길을 볼 수 있게 도와주는 현자들, 곧 나이 드는 현실을 잘 받아들이며 사는 사람들을 만나게 되기도 한다. 하지만 그들은 그들일 뿐이다. 그들은 힘들어하지 않으며, 설사 그렇다 해도 그리 오래 힘겨워하지 않는다. 심지어 그들이 뇌졸중으로 말하기 어려울지라도, 그들을 통해 주변 사람들에게 사랑이 흘러들어 간다. 그런 사람들을 찾을 수 있다면, 그들처럼 되어보라. 만약 그들처럼 될 수 있다면 당신은 세상에 축복이 될 것이다. 이 글이 나이 드는 것에 대한 새로운 관점을 당신에게 줄 수 있다면, 나의 머드파이가 한 송이 꽃을 자라게 하는 셈이다!

나는 당신이 살아가면서 하느님이 선하신 분이라는 것을 경험하기를 바란다. 삶의 마지막 여정과 대면하기 위해서는 이것이 꼭 필요하다. 과거를 돌아보면, 성장한다는 것은 때로 이전의 편안한 단계에서 벗어날 것을 요구한다. 하지만 그다음에는 더 나은 것이 주어지기에 힘들게 투쟁할 만한 가치가 있다. 지금껏 살아오면서 우리는 그 변화를 거부해 왔을 수도 있지만, 무언가(또는 누군가!)는 결국 우리가 이전 단계를 놓아버릴 때까지 밀어붙였다. 이러한 압박은 우리를 위한 것이었다. 아기를 낳을 때 얼마나 많은 힘을 주어야 하는지를 생각해 보라. 이를 통해 우리는 어떤 좋은 것을 더 나은 것으로 변화시키게 된다. 나는 이 과정이 인생의 마지막 시기에도 계속된다고 믿는다. 우리는 삶의 편안한 영역에서 또 다른 영역으로 고통스럽게 옮겨가지만, 마침내 하느님께서 우리를 위해 마련하신 새롭고 보다 더 좋은 곳에 도착하게 된다. 우리가 '죽음'이라고 부르는 마지막 압박은 내가 지금 가지고 있는 것과는 비교할 수 없을 정도로 더 나은 무언가를 가져다줄 것이다.

신뢰

우리가 앞에 놓인 것을 잡으려면 반드시 빈손이어야 한다. 성 바오로는 "장차 우리에게 계시될 영광에 견주면, 지금 이 시대에 우리가 겪는 고난은 아무것도 아니라고 생각합니다"(로마 8,18)라고 강조하였다. 그는 어떻게 이것을 알았으며, 그가 말한 '영광'이란 무엇을 의미하는가? 회의론자를 만족시키고자 가장 좋은 것이 아직 오지 않았다는 것을 실제로 증명하기란 바오로도 불가능하였고, 그것은 우리도 마찬가지다. 그럼에도 하느님의 선하심이 미래에도 이어지리라 믿는 것은, 우리가 그분의 선하심을 온 생애 동안 지속적으로 경험한 사실에 기반을 두고 있다. 성찬 전례의 감사기도가 말해주듯이 '하느님으로부터 모든 선이 나온다.' 모든 것을 내려놓게 하는 노년은 얼핏 노쇠함으로 이어지는 듯 보이지만, 하느님께서 일하시는 우리의 내면은 오히려 거룩한 삶으로 상승해 가는 것이다.

따라서 당신은 '신뢰'라는 덕을 얻기 위해 계속해서 기도해야만 한다. 그것은 인간의 삶에 기본적인 것이다. 우리는 의사들이 병을 낫게 해주고, 삶을 계속 살아가도록 도와줄 것이라 희망하면서 그들을 신뢰한다. 신중한 치료를 앞두고 설령 인간적인 실수의 가능성이 예상된다 하더라도 우리는 그들을 굳게 믿고 의지한다. 지혜로우시고 선하신 하느님께서 나이 듦의 영성을 떠받쳐 주시기에, 우리는 나이 드는 과정을 인내해 가면서 하느님께 모든 것을 의탁할 수 있다. 그리고 하느님께서 삶의 정점에 대한 새로운 지평을 우리에게 드러내 주실 것임을, 곧 "어떠한 눈도 본 적이 없고 어떠한 귀도 들은 적이 없으며 사람의 마음에도 떠오른 적이 없는 것들을 하느님께서는 당신을 사랑하는 이들을 위하여 마련해 두셨다"(1코린 2,9)는 것을 신뢰할 수 있다.

삶이 힘들어질 때, 나에게 구명부표가 되어준 성경 구절이 두 가지 있다. 첫째는 "나는 너희를 위하여 몸소 마련한 계획을 분명히 알고 있다. … 그것은 평화를 위한 계획이지 재앙을 위한 계획이 아니므로, 나는 너희에게 미래와 희망을 주고자 한다"(예레 29,11)라는 예레미야서의 말씀이다. 둘째는 "저를 내던지지 마소서, 다 늙어버린 이때에. 저의 기운 다한 지금 저를 버리지 마소서. 늙어 백발이 될 때까지 하느님, 저를 버리지 마소서"(시편 71,9.18)라는 시편의 말씀이다. 뿐만 아니라 예수님께서 베드로에게 "네가 젊었을 때에는 스스로 허리띠를 매고 원하는 곳으로 다녔다. 그러나 늙어서는 네가 두 팔을 벌리면 다른 이들이 너에게 허리띠를 매어주고서, 네가 원하지 않는 곳으로 데려갈 것이다"(요한 21,18)라고 하신 말씀은 내 마음을 사로잡고 있던 두려움을 상쇄시켜 준다.

나이 듦이라는 멋진 임무

나에게 무슨 일이 생기고 있는 걸까?

우리 각자에게는 아마도 '인생의 전성기'에 접어들었다는 느낌에서, '예전만큼 젊지 않다'는 인식으로 넘어가는 결정적인 순간이 있을 것이다. 2007년에 아무런 경고 없이 죽음의 역한 냄새가 내 코끝을 찔러댔다. 나는 일흔에 가까워지고 있었고, 행정직에서 막 은퇴한 후 안식년을 보내면서 앞으로의 계획을 세울 수 있는 시간을 가졌다. 그런데 그 해 성금요일에 내가 살고 있는 예수회 공동체가 불에 타버렸다. 내 삶의 대부분이 연기 속에 사라졌고, 암울하고 알 수 없는 미래만이 눈앞에 놓여있었다. 익숙했던 모든 것들(책, 글, 노트, 잡동사니, 옷,

사진)이 사라지고, 나의 일부도 함께 사라져 버렸다.

이러한 충격적인 시기에 나는 인생의 새로운 국면으로 접어들었다. 내 의지와는 상관없이, '제3연령기'라고 불리는 고령의 시기로 들어선 것이다. 만약 당신이 아직 이 낯선 세계에 들어가 본 적이 없다면 그에 대한 약간의 지식이 노년의 삶을 준비하는 데 도움이 될 것이고, 이미 미지의 영역을 탐험하기 시작한 이들과 더욱 풍요롭게 연결되도록 도와줄 것이다.

제인 폰다

얼마 전에 우연히 제인 폰다Jane Fonda가 쓴 *Prime Time: Making the Most of All of Your Life*(황금기: 인생의 모든 것을 최대한 활용하기)라는 책을 접하게 되었다. 피정의 집 안내인이 이 책을 읽고 있었는데, 내가 가장 좋아하는 저자들 가운데 한 명인 예수회 테야르 드 샤르댕Teilhard de Chardin 신부가 그 책의 참고 문헌에 언급되고 있었다. 그는 "책 전체를 읽어보는 건 어때요? 신부님의 평소 관심사와는 조금 다르겠지만, 읽어볼 가치가 있어요!"라고 말했다. 이 말은 사실이었다. 이 책은 삶의 노년이 지닌 가능성에 관하여 생생하게 잘 연구한 책이다. 폰다는 나이 듦의 과정을 열렬히 받아들이고 있었으며, 그것을 독자들에게도 권하고 있다. 그녀는 노년기를 올라가거나 내려갈 수 있는 계단으로 생각해 볼 것을 제안하였다. 곧 나이 속으로 침몰하든지 아니면 나이 안에서 성장하든지 선택할 수 있다는 것이다. 우리는 남은 시간을 최대한 활용하여 쇠퇴하기보다는 더욱 완성된 삶으로 키워나갈 수 있다. 또한 그녀는 과거를 돌아보고, 교훈을 얻으며, 항상 열정적이고 성취하는 사람이 되기 위해 앞으로 나아가라고 제안한다.

폰다는 독자들에게 '자신의 생애 마지막 시간을 춤추며 보내라'고 권한다. 그녀가 말하고자 하는 것은 즉각적인 지금, 바로 현재다. 곧 질병, 고통, 가난, 장애, 죽음 또는 죽음 이후의 삶보다는 건강, 에너지, 우정, 성취에 관해 언급한다. 또한 그녀는 사물의 유한함과 시간의 소중함에 대한 감각도 지니고 있다. 모든 것은 결국 사라질 것이기에, 그녀의 메시지는 '오늘을 즐겁게 사는 것'이다. 충만하게 살지 못하는 것은 죽음 그 자체보다 더 나쁜 운명이다. 그녀의 책과 나의 책은 서로 보완적일 수 있다. 곧 폰다는 지금 당장 우리 자신을 위해 무엇을 할 수 있는지에 초점을 맞추는 반면, 나는 하느님께서 무엇을 하시고 우리 안에서 무엇을 하실 것인가에 더 초점을 둔다.

내적 여정

젊었을 때는 세상으로 향하는 외적인 길을 따라가는 데 치중했다면, 나이가 들어서는 내적인 길을 가게 된다. 외적 여정은 커다란 가능성을 갖고 있고 그 가운데 일부는 실제로 우리 현실에서 실현되기도 하였지만, 그 이후의 여정은 거대한 내적 세계를 펼쳐 보여준다. 이것은 '집으로의 여정'(영원한 집으로 가는 여정을 의미하는 것으로, 내적 여정을 가리키는 말)이 외적 여정 못지않게 관심받을 가치가 있다는 것을 의미한다. 과거에는 좋은 삶을 살기 위한 도전에 온 마음과 영혼을 바쳤다. 이제 우리는 삶의 끝, 그리고 그 너머까지 이어지는 더 깊고 나은 삶을 향해 나아가고 있다. (영원한) 집으로의 여정에는 외적 여정을 가능하게 한 것과는 다른 기술이 요구된다. 그때는 직장을 얻고 정착하기 위해서 우리의 시간과 에너지가 외적인 교육에 쏠렸다. 사실 '좋은 삶'의 핵심은 성령이신 하느님과 우리의 관계에서 비롯하기에, 이제 우리는 매우 인격적이고 개인적인 영역, 곧 영spirit의 교육으로 옮겨가야 한다. 토머스 스턴스 엘리엇T. S. Eliot의 시에서 말하는 '변화하는 세상의 고요한 지점'으로 들어가는 것이다. 나이가 들면서 탐험해야 할 가장 중요한 영역은 바로 하느님이다. 이것이 이 책을 쓰는 이유다.

세월이 지날수록 우리가 단순히 돌이킬 수 없는 쇠퇴기에 접어든 것만은 아니라는 사실이 위안이 된다! 성 바오로는 우리의 외적 인간은 쇠퇴해 버릴지라도 우리의 내적 인간은 날마다 새로워진다고 말한다. 그는 겉으로 보이는 것이 아니라 보이지 않는 것을 보도록 초대한다. 왜냐하면 보이는 것은 일시적이지만, 보이지 않는 것은 영원하기 때문이다.(2코린 4,16-18 참조) 어떻게 하면 보이지 않는 것을 볼 수 있을까? 여기서 할 수 있는 것은 하느님께서 주시는 몇 가지 힌트를 받아들이는 것이다. 그것은 늘 그러하듯이, 우리가 구하거나 상상할 수 있는 것보다 훨씬 더 많은 것이 주어질 것이다.

신성한 에너지

물론 내면의 여정, 집으로 향하는 이 여정의 한 가지 문제점은 우리가 이전에 가졌던 것만큼의 힘을 더 이상 갖고 있지 않다는 것이다. 나이 지긋한 예수회의 한 형제는 계속해서 이런 말을 한다. "열정이 사라져 버렸어!" 이 말에는 유머와 굴욕이 담겨있다. 이것은 삶의 마지막 여정을 위한 에너지가 우리 내면에서가 아니라 하느님께로부터 더 많이 온다는 것을 깨닫도록 도와준다. 과학자들에 따르면, 우주는 약 140억 년 전에 에너지의 폭발과 더불어 시작되었다. 그 에너지는 여전히 남아있으며 재사용되고 있다. 우리는 속도가 느려지고 종종 피로를 느끼지만, 우주는 그렇지 않다. 우리는 우리가 만들지 않은 에너지 안에서 살아가고 있는데, 그 에너지는 우리를 이끌며 어떤 목적도 지니고 있다. 곧 우리는 우리 자신과 모든 것이 탄생한 그 흐르는 에너지 전체를 향해서 이끌린다. 다시 말하면 우리는 만물의 중심, 곧 정체되어 있지 않고 끊임없이 움직이는 순수한 에너지이자 모든 에너지의 근원이신 하느님의 생명 속으로 들어가고 있는 것이다. 신성한 에너지는 항상 우리를 향해 흐르고 있고, 모든 순간, 모든 일 속에서 우리에게 영향을 미친다. 우리의 영은 우리 안에서 끊임없이 일하시면서 우리를 집으로 이끄시는 하느님을 위해 생겨났다. 비록 이 세상에서 안정을 찾고 머무른다 해도 우리는 정착민이라기보다는 순례자다. 우리는 더 큰 의식으로, 더 깊은 사랑으로 성장하고 성숙하는 나선형의 과정에 놓여있다. 제라드 맨리 홉킨스G. M. Hopkins(1844–1889, 예수회 영국 관구 소속의 신부이자 시인)는 이를 아주 단순하게 다음과 같이 묘사하였다.

하느님 저는 당신에게서 왔고, 당신께로 갑니다.
하루 종일 흐르는 분수대의 물처럼,
저는 당신 손에서 나와, 이리저리 요동치지만
당신의 강한 불빛 안에서 티끌일 뿐입니다.

나이 듦에 따라 신성한 에너지는 우리를 감싸안는다. 이 에너지는 우리를 앞으로 나아가게 하고, 하느님과 더욱 깊은 관계를 맺도록 이끈다. 하느님은 영이시고, 영은 영원히 젊다. 하느님의 나라는 우리 안에 있으며, 점점 더 우리 내면을 차지해 간다. 우리는 선한 분의 손안에 있으며, 우리의 멋진 임무는 하느님께서 우리를 더욱더 온전히 소유하시도록 내어드리는 것이다. 그러나 우리는 그 모든 것을 혼자서 하려고 애를 쓰기에, 우리 안에서 지속적인 회심이 필요하다. 나는 거의 50년 전, 제2차 바티칸공의회가 끝난 직후 사제품을 받았다. 공의회의 가르침을 이행함으로써 목마른 세상에 우리의 억눌린 에너지를 뿜어낼 수 있을 것이라는 희망이 우리 안에 가득했다. 반세기가 지난 지금, 우리가 가졌던 대부분의 에너지는 사라졌고, 하느님께서 뜻하시는 것 안에서 우리를 이끄시도록 맡겨드려야 함을 이제는 너무도 잘 알고 있다. 여기에 잠재된 유혹은 절망적이고 냉소적으로 되는 것이다. 매일의 도전은 우리가 여전히 할 수 있는 작은 일들을 하는 것이며, 하느님의 힘이 우리의 약함 안에서 완전해진다고 믿는 것이다.(2코린 12,8-10 참조) 존 헨리 뉴먼J. H. Newman 추기경은 〈광명으로 이끌어 주소서〉라는 시에서 이렇게 말한다.

> 당신의 힘이 오랫동안 나를 축복하시고
> 그 힘이 나를 이끌어 주시니
> 황야와 늪지, 바위와 급류 사이를 지나네.
> 이 밤이 다 사라질 때까지.

예수회 제28대 총장 페드로 아루페 신부는 1991년 선종할 때까지 10년간 심한 중풍으로 몸을 제대로 쓸 수 없었다. 그는 1983년에 예수회 형제들에게 다음과 같은 작별의 인사말을 썼는데, 그 무렵 말을 할 수 없는 상태였기에 다른 사람이 대신하여 낭독하였다. 이 글은 연로한 예수회원들과 다른 사람들이 생애 마지막에 자신을 하느님께 온전히 맡기도록 돕는 데 큰 힘이 되어주었는데, 우리에게도 도움이 될 것이다.

> 지금 나는 그 어느 때보다도 하느님의 손안에 있음을 느낍니다. 이는 내가 평생을 바라왔던 일입니다. 하지만 지금은 조금 다릅니다. 모든 주도권이 온전히 하느님께 있기 때문입니다. 나 자신이 완전히 하느님의 손안에 있음을 알고 느끼는 것은 참으로 심오한 영적 체험입니다.

영성

나이 듦의 과정은 모든 것에서 일어난다. 고양이, 별, 텔레비전, 냄비, 심지어 우주 자체를 포함하여, 좋든 싫든 우리 모두에게 찾아온다. 우리는 주변에서 그 과정을 접하며, 그것이 무엇인지를 알아차린다. 그러나 노년의 영성에 대해서는 어떤가? 어떤 책에서 '영성'이라는 단어의 48가지 정의를 제시하기도 했지만, 간단하게 생각해서 노년의 영성이란 나이 드는 과정을 하느님과의 관계 속에서 이해하는 것이라고 해두자. 영성은 우리의 삶에 '또 다른 존재'가 함께하고 있음을 전제로 한다.

그리스도교 영성은 삶의 의미를 우리에게 해석해 주시도록 예수님을 초대하는 것을 의미한다. 불교인들, 힌두인들, 유다인들 등 다른 종교인들도 각자의 전통에 따라 노년을 해석하지만, 여기서는 지면 관계상 자세히 설명할 수 없다. 실질적으로 나이 듦에 대한 그리스도교 영성을 받아들인다면, 당신의 관점에 큰 변화가 생길 것이다. 왜냐하면 혼자서 춤추는 것과 파트너와 함께 춤추는 것 사이에는 엄청난 차이가 있기 때문이다. 우리는 영원히 이어지는 춤 속으로 들어갈 때까지, 자신의 마지막 여정을 어떻게 하느님과 함께 춤출 수 있을지 알아볼 것이다.

나는 당신을 신뢰할 수 있는가?

신뢰의 문제로 돌아가 보자. 우리는 나이가 들어도 하느님께서 우리와 함께하실 것이라고 신뢰할 수 있는가? 우리가 지치듯이 하느님도 우리에게 지치시지 않는가? 삶의 내리막길에 추는 춤에서 하느님은 정말로 우리를 이끌어 주실까? 파트너와 춤을 추든, 좋은 친구를 찾든, 결혼 생활을 하든, 삶에서 신뢰는 매우 중요한 것이다. 신뢰가 깊을수록 상대방과의 관계는 더욱 생동감이 넘친다. 자신에 대해 점점 더 많은 것을 공유할 수 있기 때문이다. 당신이 누군가를 충분히 신뢰할 때, 그 사람의 팔에 완전히 안길 수 있다. 어렸을 때는 그 신뢰의 선물을 맘껏 누렸지만, 자라면서 배신을 경험하면 다른 사람에게 자신을 맡기는 데 더욱 신중해지고 조심스러워진다. 한편 나이가 들면서 더욱 의존적으로 되고 스스로 일을 처리하는 능력이 떨어진다. 우리는 더 많은 도움의 손길을 필요로 하지만, 상대에게 편안함을 느낄 때에만 도움을 청할 수 있다.

그러므로 이미 하느님을 신뢰하고 그분과 함께여서 행복하다면, 당신은 인생의 새로운 장으로 건너갈 준비가 되어있으며, 심지어 즐길 준비까지 되어있는 것이다. 만약 하느님이 당신을 온전히 사랑하신다는 것을 안다면, 그 엄청난 깨달음에 감사하라. 이것은 아주 드문 선물이며 당연히 주어지는 것이 아니다. 하지만 당신이 하느님께 확신을 갖지 못한다면, 그분께 깊이 의지하는 것이 두려울 것이다. 따라서 나는 하느님과의 관계가 그다지 좋지 못했던 사람들에게 이야기하는 것으로 이 책을 시작할 것이다. 나는 당신이 신뢰와 관련해 도약할 수 있기를 바라며, 적어도 성경에서 "저는 믿습니다. 믿음이 없는 저를 도와주십시오"(마르 9,24)라고 외치는 아버지처럼 기도할 수 있기를 바란다. 또한 단순히 읽는 것을 넘어 이 책을 통해 기도하기를 초대한다. 하느님께서 당신에게 무엇을 보여주고 싶어 하시는지 여쭤보라. 왜냐하면 나이 들어가는 멋진 임무에 하느님과 당신이 모두 관련되어 있기 때문이다.

무조건적인 사랑?

내가 *Our Graced Life-Stories*(은총 가득한 우리 삶의 이야기)라는 책을 쓰고 있었을 때, 한 여성이 나에게 "저도 그 이야기 속한 사람이 되고 싶어요"라고 말했다. 내가 "어떤 사람을 말하는 것인가요?" 하고 묻자 "은총을 받은 사람들 중 한 명이 되고 싶어요"라는 답변이 돌아왔다. 이 말은 나에게 충격이었다. 나는 모든 사람들이 은총의 경험을 갖고 있으며, 이들에게 필요한 건 그것을 더 잘 깨닫는 것뿐이라고 너무나 당연하게 생각했던 것이다. 이야기를 나누면서, 나는 그녀 자신이 하느님에게서 사랑받고 있음을 잘 모르고 있다는 점을 발견했다. 그녀는 "저와 같은 사람들이 정말 많아요. 착하게 살려고 노력하고, 미사에 참여하면서 충실하게 신앙생활을 하려고 하지요. 그러면서도 종종 유감의 눈물을 흘리곤 하는데, 하느님께서 정말로 우리를 사랑하신다고 믿지 않기 때문이죠. 하느님은 왜 우리를 사랑하시는 건가요?"라고 말했다. 그녀는 계속해서 자신의 생각을 길게 설명하였다.

> 하느님은 저에게 너그러우시고 친절하신 것 같아요. 저를 만드셨으니 그럴 수밖에 없겠지요. 필요한 것을 청하러 하느님께 나아가지만 두렵습니다. 왜냐고요? 제가 하느님의 기준에 들어맞을 때만 그분이 저를 사랑하신다고 생각하는데, 정작 저 자신이 그분의 기대에 미치지 못하거든요. 누군가 저에게

"하느님은 당신을 사랑하세요"라고 말하는 것을 들으면, 마음이 아픕니다. 물론 소외된 사람에게 연민을 갖듯이, 하느님께서도 저에게 연민을 가지실 거라고 봅니다. 하지만 제가 저의 아이들에게 갖고 있는 것만큼 저에게 연민을 갖고 계신지는 모르겠어요.

저는 그분께 속해있음을 전혀 느끼지 못합니다. 하느님을 친절한 분으로 생각하지 않아요. 제게 있어 친절은 가장 진정한 형태의 사랑인데 말이죠. 저는 하느님과 함께 집에 있는 것 같지 않아요. 저에게 '집'이란 수용, 환영, 소속감을 의미하는 따뜻한 말이에요. 예수님은 '내 안에 머물러라'라고 하셨지만, 저는 그렇게 할 수 없어요. 원치 않는 아이로 남겨진 것 같은 느낌을 주는 외로운 곳이니까요.

어렸을 때 부모님이 이끌어 주신 신앙을 받아들이긴 했지만, 그것은 조건부적인 사랑이었고, 불확실한 것이었어요. 그러다가 이런 생각이 들었죠. 내가 부모님에게도 좋은 아이가 아니라면, 어떻게 하느님께 좋은 아이일 수 있겠는가? 저에게 하느님은 '요구하시는 하느님'이었습니다.

하지만 이 이야기가 전부는 아니에요! 그동안 좋은 일들이 많이 생기면서 제가 품은 생각들을 의심하게 되었습니다. 이제 저는 진짜 하느님의 말씀을 듣고 싶어요. 저는 항상 제 취향, 사랑, 두려움, 비밀, 저의 가장 내밀한 부분까지 아는 누군가를 원했어요. 그래서 지금은 하느님께서 나를 아시고 여전히 나를 사랑하시는 분이며, 내가 그분께 중요한 존재라는 것을 믿어보려 노력하고 있어요. 저는 아직 걸음마 단계이고, 앞으로 저의 믿음이 더 성숙해지도록 은총을 주시기를 기도하고 있습니다. 우리가 위험을 감수하기 전에는 진정 살아있는 삶이 아니라고 했던 플라톤이 옳았어요.

10년 전보다 훨씬 저의 상황은 좋아졌습니다. 하느님과 사랑에 빠졌다고 믿기 시작했고, 어쩌면 남은 날들이 살아온 날보다 더 행복할 거라고 기대하고 있어요. 제게 일어나는 좋은 일들을 통해 하느님께서 저를 돌보고 계신다는 것을 알 수 있어요. 정말 멋지지 않나요? 성 아우구스티노와 성 이냐시오, 가경자 맷 탤벗Matt Talbot과 같은 분들은 결점을 가지고 있다고 해서 하느님과 가까워지는 데 장벽이 될 수 없다는 것을 깨닫게 해주었어요. 완벽하지 않은 다이아몬드처럼, 저도 불완전하지만 사랑받을 수 있습니다!

한 여성의 솔직한 이야기다. 우리 가운데 어느 누구도 하느님을 완전히 신뢰한다고 할 수는 없기에, 그녀의 이야기는 나이 듦의 신비로운 세계를 통해 이끄시는 하느님을 우리가 보다 깊이 신뢰하는 데 도움을 줄 수 있다.

왜 믿는가?

신뢰에 관해 마지막으로 생각해 보자. 사람들은 나에게 묻는다. "왜 당신은 하느님께서 당신을 사랑하신다는 것을 그토록 믿습니까?" 내가 할 수 있는 대답은 내가 그렇게 믿기로 했다는 것이다. 신앙은 진실되고 신뢰할 만한 누군가를 믿는 선택이다. 믿는다는 건 과학적인 방식으로 무언가를 증명하지 않고도 받아들이는 것을 뜻한다. 과학은 제한된 방식의 앎만을 제공할 뿐이다. 그런데 우리는 마음을 통해서도 알 수 있다. 우리는 이 두 가지 앎의 방식을 잘 합칠 필요가 있다.

그래서 나는 인간 삶의 의미에 기반이 되는 '합리적인 믿음'을 '비합리적인 믿음'과 구분할 것이다. 창조주의 실존에 대한 증거는 차고 넘친다. 우리는 자연을 통해 하느님이 선하시고 놀라우신 분임을 알 수 있다. 주님의 강생은 우주와 인간의 삶에 목적이 있음을 확인시켜 준다. 곧 하느님이 인간 세계에 들어오시고, 모든 것은 거기에서 따라 나온다. 예수님의 삶과 가르침, 죽음과 부활에 대한 증거는 설득력이 있지만, 그것을 과학적으로 증명할 수는 없다. 그럼에도 나는 서기 30년에 인간의 삶을 송두리째 뒤집어 놓은 어떤 일이 일어났다고 믿는다. 어부 베드로는 예수님을 만나기 전에는 막연한 희망만 가졌을 뿐, 죽음 이후의 삶에 대한 확신이 없었다. 그러나 그는 예수님에게서 깨달음을 얻고 완전히 뒤바뀐 사람이 되었다. 회의론자들에게 베드로가 예수님을 신뢰하는 것이 모든 것을 걸 만큼 옳았는지 증명할 수는 없지만, 왜 예수님을 믿기로 선택하고 그분을 따랐는지는 말할 수 있다.

나는 설득력 있는 증거가 불충분하다는 점을 인정한다. 믿는 이들은 자신의 주장을 증명할 수 없고, 무신론자들도 마찬가지다. 그러나 칼 세이건Carl Sagan(미국의 천문학자이자 작가)은 증거의 부재가 부재의 증거는 아니라고 말했다. 믿음과 신뢰는 '증거'보다 더 높은 차원에 있다. 이는 자유로운 선택과 헌신의 열매다. '신경creed'이라는 단어는 라틴어 'cor(심장, 마음)'와 'do(주다)'에서 유래했는데, '무엇인가에 내 마음을 바친다'는

의미다. 자신에게 이렇게 질문해 보라. '나는 무엇에 내 마음을 바쳤는가?'

각 장의 마지막에 있는 '기도 안에 머무르며'는 잠시 시간을 내어 묵상해 보라는 초대다. 성경에서 마리아가 마음속에 모든 것을 깊이 새겼다고 하는 것처럼(루카 2,19.51 참조) 당신도 그렇게 해보기를 바란다. 나는 이 부분을 주님과 당신 사이의 대화 형식으로 구성했다. 그 이유는, 이냐시오 성인은 「영신수련」에서 주님과 서로 친구처럼 대화하라고 권유하고, 나 자신도 그렇게 하기 때문이다. 그러나 이러한 기도 방식이 당신에게 맞지 않는다면, 당신이 읽은 내용을 개인적인 삶의 경험에 통합할 수 있는 자신만의 방법을 선택해도 좋다.

기도 안에 머무르며

편안한 장소와 고요한 시간을 찾아라. 예수님께서 당신에게 오고 계신다고 상상해 보라. 그분의 마음은 충만하며, 아버지이신 성부와 자신이 얼마나 깊이 당신을 사랑하는지 알려주고 싶어 하신다. 문을 두드리고 들어오시며 부드럽게 당신을 안아주시는 예수님

품 안에서, 당신의 마음이 편안해진다. 그분은 당신이 어떻게 지내는지 묻고, 당신은 그분에게 마음을 연다. 대화에 생동감이 돌고, 당신은 더욱 생기와 확신에 차있음을 느낀다. 잠시 침묵한 뒤 그분은 이렇게 말씀하신다.

"나는 훗날을 위해 너에게 가장 중요한 비밀을 말해주고 싶구나. 그것은 바로 아버지와 나는 항상 너를 가장 소중한 존재로 생각하고 있다는 것이지. 너는 은총 가득한 삶을 살았고, 지금도 그러하며, 앞으로도 사라지지 않을 거란다. 최고의 이야기는 아직 남아있다고 말해주고 싶구나. 너에 대한 우리의 사랑에는 아무런 조건도, 시간의 경계도 없단다. 그러니 비록 그 길이 험난할지라도, 우리가 너와 함께 영원한 기쁨을 향한 길을 걸을 때 우리를 믿어줄 수 있겠니?"

당신은 어떻게 응답하겠는가? 그분께 당신의 마음을 내어드릴 수 있는가?

하느님은 아직 당신을 완성하지 않으셨다

표지판

몇 년 전, 나는 두 명의 동료와 오스트리아의 산에서 길을 잃었다. 저녁때가 가까워졌고, 비가 약간 내리고 있었으며, 산비탈은 점점 위험해졌다. 음식과 물도 다 떨어졌고, 당시에는 인정하지 않았지만, 사실 우리는 매우 지쳐있고 두려운 상태였다. 우리는 주님께서 도와주시길 간절히 기도했다. 마침내 표지판을 발견했을 때, 우리는 코스에서 한참 벗어나 있음을 알고는 충격을 받았다. 여전히 우리가 어디에 있는지 몰랐지만, 적어도 어디로 가야 하는지는 찾을 수 있게 되었다. 나는 아직도 마음을 안심시켜 주던 표지판을 기억한다. 황량한 산비탈 위에, 비에 젖은 채 외로이 서있는 보초병 같던 그 표지판을 말이다.

나이 듦의 영성에 대한 각 장의 내용들은 외롭고 혼란스러울 수 있는 여정을 위한 표지판 역할을 한다. 각각의 장들은 당신을 집중하게 하고, 친구와의 풍부한 대화로 이끌 수도 있다. 그 만남에서 새로운 아이디어가 떠오를 것이다. 하느님은 우리 각자와 고유한 방식으로 소통하신다. 은총은 맞춤형으로 찾아온다!

당신은 무엇을 원하는가?

삶의 현시점에서 당신은 무엇을 원하는가? 잠시 동안 이것에 대해 성찰해 보자. 첫 제자들이 예수님께 왔을 때, 그분께서 어떻게 질문하셨는지 기억해 보라. 그분은 '무엇을 찾느냐?'라고 물으셨다. 만약 제자들이 '특별히 찾는 게 없습니다'라고 응답했다면, 요한복음은 결코 만들어지지 못했을 것이다. 그러나 제자들은 "라삐, 어디에 묵고 계십니까?"(요한 1,38)라고 물었고, 표지를 찾는 바람이자 가치 있는 관계를 향한 바람인 그 질문은 그들의 삶을 바꿔버렸다. 주님께서 당신의 이름을 부르시며 '무엇을 찾느냐? 무엇을 원하느냐?'라고 물으시게 하라. 비록 정말 원하는 것이 무엇인지 모른다고 할지라도, 당신이 바라는 것에 대해 그분께 이야기하라. 아마도 당신은 그분과 함께하고 싶다고 말할지도 모른다. 그렇다면 그 순간 주님은 당신에게 달려가실 것이다. 중요한 것은 당신과 그분이 서로 대화하는 것이다. 그분과 개인적으로 친밀하게 그리고 활기차게 대화해 보라.

영성은 전적으로 하느님과 당신에 관한 이야기다. 노년의 영성은 당신만의 고유하고 특별한 것이다. 변화하는 노년의 현실 속에서 하느님과 어떻게 관계를 맺을 수 있을지 노력하는 것은 당신의 특권이다. 하느님의 도우심에 힘입어 당신의 인생이라는 작품을 창조하는 것은 당신에게 달려있다. 당신을 이끄는 신성한 손길이 있다는 것을 믿고 그분께 온전히 맡겨보라. 그리고 긴장과 불완전함 속에서 당신이 느끼는 불안함을 받아들여라.

작은 신비가들

나이가 드는 것은 낯선 일이다. 해가 갈수록 풍경도 달라지고, 나의 속도도 계속 느려졌다. 나는 '죽음이란 당신에게 속도를 늦추라고 말해주는 자연의 방식'이라는 말에 귀를 기울이게 되었다. 더욱 관상하는 일이 많아지면서, 내가 오래전부터 구름을 즐겨 봤다는 사실을 새삼 알게 되었다. 이는 샤르댕의 표현, 곧 '구름은 하느님의 손 글씨다'에 대한 성찰로부터 온 것이다.

2015년에 반포된 프란치스코 교황의 회칙 「찬미받으소서」는 나에게 자연의 신비로 나아가는 문을 열어주었고, 많은 관상거리를 안겨다 주었다. 얼마 전 겨울 하늘을 배경으로 서 있는 오래된 나무들의 모습을 바라보며 기도하는데, 그렇게 좋을 수가 없었다. 관상contemplation에 대해서는 나중에 더 얘기하겠지만, 우선 이 단어의 의미부터 간단히 설명하겠다. 이 말은 '성전templum'이라는 라틴어에서 유래했고, 접두사 'con'은 '가까이'라는 뜻이다. 그러므로 당신이 뭔가를 관상한다는 것은 신성한 장소로 인도된다는 것이고, 거기서 그 신성함이 당신의 마음을 건드리며, 당신은 희미하게나마 그것을 느낀다는 것이다. 그 경험은 당신에게 평화와 기쁨, 만족을 가져다 준다. 그러한 순간들에는 거룩함이 담겨있다. 관상의 습관은 길러질 수 있다. 어쩌면 인생에서 처음으로 무언가를 조종하려 하지 않고, 그저 그것이 우리 마음에 스며들도록 놓아두는 게 노년이 주는 가장 큰 기쁨 가운데 하나일지 모른다. 우리는 작은 신비가가 되는 것이다!

지난 7년 동안 하느님께서 나와 가까이 계시다는 느낌은 더욱 깊어졌다. 이제 나이가 드는 것은 더 이상 방관할 일이 아니다. 작고 보잘것없는 내가 살아계신 하느님과 얼굴을 마주하고 만나는 것이 과연 어떨지 궁금해졌다. 10년 전만 해도 막연했던 생각이 이제는 절박한 현실로 다가왔다. 나의 삶에서 하느님의 영향력을 더욱 인식하게 되었고, 장례식에 참석할 때면 조만간 다른 사람이 아닌 바로 내가 그 관심의 중심에 서게 될 것임을 깨닫게 된다.

개신교 신학자이자 목사인 칼 바르트Karl Barth는 자신과 어떤 엄숙한 군중이 교회를 떠나 묘지로 가게 될 날을 상상하곤 했다. 예식이 끝나면, 자신만 그곳에 남고 군중은 모두 집으로 돌아갈 것이다. 존 던John Donne의 시처럼, '누구를 위해 종이 울리는지 굳이 알려 하지 마라. 그 종은 그대를 위해 울리는 것이다'라는 말은 불편하게도 현실이 되었다.

당신은 특별하다

나이 든다는 것에 대해 한마디로 설명하기란 불가능하다. 인류의 역사는 계속되고 있으며, 내 나이대의 인구는 다른 어떤 연령층보다 빠르게 늘어나고 있다. 이 집단에 속한 모든 사람들은 세상에 하나뿐인 소중한 존재다. 그런 의미에서 모두가 그분의 첫 작품인 셈이다. 디엔에이DNA의 복잡함을 생각하면, 우리 각자는 놀랍도록 특별하다. 모든 아기들이 특별하다면, 모든 노인들은 훨씬 더 특별하다. 왜냐하면 각자의 인생 이야기가 그만의 독특함을 빚어왔기 때문이다.

노년은 우리 각자에게 다른 의미로 다가오며, 저마다 특별한 방법으로 그 과정을 경험하게 된다. 그러므로 첫 번째 장이 하느님을 신뢰하라는 격려였다면, 이번 장에서는 당신 자신을 신뢰하라고 초대하고 싶다. 당신의 고유함을 존중하고, 점점 더 온전한 자기 자신이 되어가는 경이로움을 느껴보라. 당신은 다른 사람들과 다른 방식으로 원숙해지고 있다. 노화가 그저 당신에게 일어나도록 내버려두지 마라. 늙어가는 것을 받아들이되 절대 수동적으로 받아들이지 마라. 나이 듦을 창조하고, 만들고, 그것에 당신의 인장을 찍어라. 주님과 함께 자신의 마지막 손길을 더하라. 당신은 이렇게 말할지도 모른다. "나는 예술 작품이 아니에요. 날 보세요. 엉망이잖아요." 당신은 자신이 미켈란젤로보다는 피카소의 작품이라고 느낄 수 있겠지만, 걱정하지 마라! 당신의 주된 관심은 하느님께서 당신을 어떻게 보시느냐는 것이어야 한다. 하느님은 아직 당신의 작품을 완성하지 않으셨다!

나는 몇 해 전, 나이 듦에 관한 어떤 세미나에 참석했다. 당시 나는 아일랜드로 돌아가서 연로한 예수회원들을 위한 시설을 설립하려는 계획을 갖고 있었다. 그러나 나를 제외한 모든 참석자들은, 다른 사람이 아닌 자기 자신을 위해 몇 가지 조언을 얻고자 왔을 뿐이다. 강사는 육군 장교였다. 떡 벌어진 어깨, 단단하고 강인해 보이는 그 남자는 건강에 좋은 운동을 소개해 주는 텔레비전 정규방송에도 나오는 사람이었다. 그는 수려한 말솜씨로 조깅, 골프, 수영, 그 밖의 다른 운동에 대해서 이야기하였다. 강의가 다 끝났을 때, 나는 옆에 계셨던 한 수녀님에게 어떠했는지 여쭤보았다. "정말 멋지지 않나요!" 수녀님에게 그는 완벽하게 보였다. 그렇지만 이 육군 장교처럼 우리 각자에게도 하느님께서 매우 기뻐하시는 특별한 뭔가가 있다. 화학 성분과 수분으로만 따지자면 우리는 고작 5유로(약 8천 원) 정도밖에 안 될 것이다. 그럼에도 우리는 하느님의 모상대로 창조되었기에 무한한 가치를 지닌다.

예술 작품

창세기에 따르면, 하느님께서는 당신 자신의 모습을 닮은 사람을 만들자(창세 1,26–27 참조)고 선언하시고, 실제로 그렇게 하신다. 성 바오로는 이를 두고, 우리는 하느님께서 손수 만드신 그분의 작품(에페 2,10 참조)이라고 말한다. 그러나 이 모든 것이 한순간에 이루어지는 것은 아니다. 우리는 고정된 작품이 아니라 끊임없이 만들어지는 과정에 있으며, 그 최종 결과에 우리도 기여하는 부분이 있다. 우리는 시간이 갈수록 풍요로워지면서 하느님의 모습을 더욱더 닮아가도록 창조되었다. 당신은 스스로를 엉망이라고 느낄지 모르겠지만, 거룩한 공예가이신 그분은 여전히 당신에게 마음을 쏟으신다. 당신이 직접 할 수 없는 일을, 하느님이 이제 당신 안에서 이루고 계신다. 당신의 창조는 오늘도 내일도 그리고 마지막까지 계속되고 있으며, 결코 끝난 일이 아니다. 노화나 상실 같은 삶의 어려움도 결국은 하느님께서 당신 안에 있는 '영원한 다이아몬드'를 빛나게 하기 위한 정화 과정인 것이다.

토머스 머튼은 자신이 어떻게 사람들의 고유함에 매료되었는지, 그의 저서 「토머스 머튼의 단상」에서 이렇게 이야기한다. 이는 루이빌 시내 복잡한 거리에서 낯선 사람들과 하나 되는 신비체험을 통해 예고도 없이 일어난 일이다.

> 나는 갑자기 그들 가슴속에 숨겨진 아름다움을, 죄나 욕망이나 자기 인식이 미칠 수 없는 그들 가슴의 깊은 곳을, 그들 실체의 정수를, 하느님 눈에 비치는 그대로의 한 사람 한 사람을 발견한 것 같았다. 그들 모두가 있는 그대로의 자신을 볼 수만 있다면, 우리가 서로를 언제나 그런 식으로 볼 수 있다면, 더 이상의 전쟁도, 더 이상의 미움도, 더 이상의 잔인함도, 더 이상의 욕심도 없을 텐데…. 우리 존재의 중심에는 죄와 착각으로 손상되지 않는 절대 무無의 지점, 순수한 진리의 지점, 우리 마음대로 처분할 수 없는 지점이 있다. … 전적으로

하느님께 속한 섬광이 있다. 절대 무와 절대적 가난의 이 극히 작은 지점은 우리 안에 있는 하느님의 순수한 영광이다. … 우리 안에 새겨진 그분의 이름이다. 그것은 천국의 비가시적인 빛으로 타오르는 순수한 다이아몬드와 같다. 그것은 모든 사람 안에 있다. … 천국의 문은 어디에나 있다.

훌륭한 스튜디오

세계를 하느님의 스튜디오, 곧 많은 프로젝트로 분주한 예술가가 있는 곳으로 생각해 보자. 언젠가 예술가이신 하느님께서 자신의 작품을 마무리하기 위해 다시 돌아올 것이라 생각하면서도, 당신은 잊혔다고 느낄 수도 있고, 한동안 끌과 망치질이 멈추었다고 오히려 기뻐할 수도 있을 것이다. 혹은 예술가의 심중을 이해하고, 일을 망치게 하거나 방해가 되지 않기를 바랄 수도 있다.

세계를 스튜디오로 여기는 이 이미지에 당신의 상상력을 더해보자. 하느님은 인내롭게 일하시면서, 오늘도 내일도 그 다음 날에도 당신이 완벽하게 될 때까지 작업하실 것이다. 조각가가 자신의 이름을 새겨 넣음으로써 그 아름다움과 우아함을 인정하는 명작이 될 때까지 말이다. '나는 너를 내 손바닥에 새겼다'(이사 49,16 참조)라는 말씀처럼, 성경은 때로 강력한 형상화를 활용하여, 하느님과 우리 각자와의 친밀감을 전달해 준다. 하느님은 "승리하는 사람에게는 … 흰 돌도 주겠다. 그 돌에는 그것을 받는 사람 말고는 아무도 모르는 새 이름이 새겨져 있다"(묵시 2,17)라고 말씀하신다. 그분과 나는, 너무 심오해서 온전히 표현할 수 없는 비밀을 공유하게 된다. 하느님과 당신의 비밀스러운 관계에 대해 잠시 생각해 보라. 이 내밀한 관계는 당신 삶의 여정에서 마주하게 될 모든 고통과 아픔을 이겨낼 수 있을 만큼의 기쁨을 가져다줄 것이다.

끝마쳤다

그리스도인의 비전 안에서 우리 각자는 태어나는 날이 아니라 죽음을 맞이하는 날에 비로소 하나의 예술 작품으로 완성된다. 우리 자신을 비워내며 맞이하는 죽음의 과정 속에서 하느님은 우리를 완성시켜 주는 마지막 창조의 손길을 더

하신다. 신앙이 없는 사람은 방금 죽은 이를 보며 "끝났다!" 또는 "그녀가 죽었다!"라고 말할 수 있다. 하지만 믿는 사람은 "하느님의 작품이 완성되었다"라고 말한다. 죽음은 소멸이나 완전한 사라짐이 아니라 직물을 완성하는 마지막 한 땀, 위대한 초상화를 완성하는 마지막 붓 터치와 같다. 우리는 죽음 안에서 "새 창조"(갈라 6,15)를 이루게 된다.

한번은 파키스탄의 어느 도시에서, 동이 튼 직후 은행 문이 열리기를 기다리며 어둡고 냄새나는 창고 앞에 서있었다. 놀랍게도 어두운 창고에서 아름다운 목각 조각상들이 햇빛을 받아 빛나고 있었다. 그것은 세상이 아무리 혼란스러울지라도, 모든 삶에서 아름다운 무언가가 만들어지고 있다는 것을 깨닫게 해주었다. 인간 역사의 혼란스러운 재료들은 신성한 예술가인 하느님의 천재적인 면모를 드러내 주며, 그것을 통해서도 그분의 이미지는 아름답고 풍요롭게 드러난다. 나는 스스로에게 물었다. '악한 마음을 지닌 사람들과 자기 죄로 죽어가는 사람들은 어떻게 되는가?' 이 물음은 모든 인류의 구원 문제로 나를 이끌었고, 그 커다란 신비는 *Where to from Here? The Christian Vision of Life After Death*(여기에서 어디로? 죽음 이후의 삶에 대한 그리스도인의 비전)라는 또 다른 저서의 내용이 되었다. 이 부분은 나중에 간략하게 다룰 것이다.

기도 안에 머무르며

당신이 좋아하는 자리 맞은편에 의자를 놓고 조용히 앉아보라. 예수님께서 문을 두드리고 들어오시는 모습을 상상해 보라. 예수님은 당신을 안아주시고, 사랑이 넘치는 미소를 지으시며 앉으신다. 예수님께서 당신이 나누는 소소한 일상의 모든 이야기에 얼마나 관심을 보이시는지, 당신은 행복해하며 놀라게 될 것이다.

이냐시오 성인은 주님과 대화를 시작할 때, "지금 당신은 저를 어떻게 보고 계십니까?"라고 묻고, 예수님께서 항상 '너는 내가 사랑하는 사람!'(로마 1,7 참조)이라고 대답하시는 것을 들어보라고 제안한다. 당신은 그분에게 속해있기에(이사 43,1 참조) 주님은 당신의 이름을 부르실 것이다.

예수님과 마음속에 있는 이야기를 나누어 보라. 당신이 하느님의 예술 작품이라는 낯선 생각에 대해 말해보는 것도 좋다. 당신 안에서 무엇을 보시는지 그분께 여쭤보라. 또한 '나는 아직 너를 완성하지 않았다'라는 말씀이 어떤 의미인지 여쭤볼 수도 있다.

간절하고 사랑스러운 눈길로 보라

사람들이 나를 필요로 할까?

더블린 출신의 작가 에이단 매튜스Aidan Mathews는 어떤 미국 노인에 대한 이야기를 들려준다. 삶이 지루해진 그 노인은 남은 인생을 끝내기로 아내와 합의를 보았다. 그의 아내는 이를 조용히 받아들이고 아낌없이 돈을 들여 성대한 송별 파티를 준비하였다. 모든 것은 계획대로 진행되었고, 이른 아침에 부부는 수영장에 단둘이 남아 전날 밤의 일을 음미하였다. 잠시 동안 침묵이 흘렀다. 아내는 침묵을 깨고, 남편에게 언제 '떠날' 생각인지 물었다. 더 긴 침묵이 흘렀다. 그리고 남편이 말했다. "음, 파티가 너무 재미있어서 좀 더 지내봐야겠어."

그러자 아내는 울음을 터뜨렸다. 하지만 남편을 위한 눈물은 분명 아니었다.

98세를 일기로 세상을 떠난 남자의 이야기도 있다. 그의 아내가 묘지에서 장의사와 대화를 나누는데, 그 장의사가 "나이가 어떻게 되시는지 여쭤봐도 되겠습니까?"라고 물었다. 그녀는 "96세입니다"라고 대답하면서 "제가 지금 집으로 돌아가는 게 별 의미가 없지 않을까, (그냥 여기에 묻히는 게 낫지 않겠냐고) 당신은 그렇게 말하고 싶은 거죠?"라고 되물었다.

일부 서양 문화에서는 노인들을 문제로 인식한다. 자발적 안락사와 조력 안락사에 대한 논의는 몇몇 노인들이나 주변 사람들이 나이 듦과 그에 따른 어려움을 견디기 힘든 것으로 간주한다는 것을 말해준다. 이는 노년기를 보내는 다른 이들도 자신의 가치를 의심하게 만든다. 비틀즈의 노래는 많은 이들에게 실제적인 문제를 제기해 준다. '내가 예순네 살이 되어도 당신은 여전히 내가 필요한가요? 당신은 나를 돌봐줄 수 있나요?' 만약 아흔네 살이 되면 어떻게 될까? 애거사 크리스티Agatha Christie는 고고학자인 남편과의 결혼 생활이 행복하다고 말하곤 했다. 그녀가 나이 들수록 남편이 그녀에게 더 많은 관심을 가졌기 때문이다! 그러나 우리 주변의 대다수 사람들은 오래된 것에 관심을 갖지 않으니, 우리가 나이 들수록 그들의 관심도 줄어들게 될까?

한편 고령 인구에 대한 존중의 문화가 확산되는 경우도 있다. 정치인들은 나이 든 사람들을 투표 인구에서 중요한 집단으로 여긴다. 기업인과 업주들은 그들의 소비력을 인정한다. 엘리베이터와 경사로, 휠체어 접근성, 저상버스와 무료 교통은 우리의 노년을 보다 살 만하고 즐길 만하게 만들어 준다.

당신은 멋지게 늙어가고 있는가?

다른 사람들이 당신을 어떻게 바라보든 간에, 중요한 것은 당신이 나이 드는 자신을 어떻게 보느냐는 것이다. 버스에서 누군가 자리를 양보할 때, 당황스러운가 아니면 그럴 자격이 있다고 생각하기에 감사의 미소를 보내는가? 당신 안에서 다른 사람들이 알아차리지 못하는 무언가가 더 많이 일어나고 있다고 믿을 수 있는가? 생텍쥐페리의 소설 「어린 왕자」에서 여우는 어린 왕자에게 한 가지 비밀을 말해준다. "가장 중요한 것은 눈에 보이지 않아!"

성 바오로가, 우리의 외적 인간이 쇠퇴하더라도 우리의 내적 인간은 나날이 새로워진다고 한 말이 혹시 맞는 건 아닐까? 주변 사람들은 물론, 당신 자신마저도 어쩌면 삶이 얼마 남지 않은 사람들만 보고 있을지도 모른다. 그러나 당신은 중요한 비밀을 갖고 있다. 하느님께서는 당신을 사랑하시고, 곧 당신을 데려가기 위해 오실 것이라는 점이다. 이는 당신이 자신을 위해 만들어 놓은 능력 있고 활기차고 재미있었던 이전의 이미지들을 이제 내려놓아야 함을 의미한다. 노년의 아름다움은 땅을 파야만 드러나는 숨겨진 보물과 같다. 예수님은 밭에 숨겨진 보물을 얻기 위해 모든 것을 버려야 한다고 말씀하셨다.(마태 13,44 참조)

무엇을 포기해야 할까? 나이가 들면서 어쩔 수 없이 속도가 늦춰지는 경험은 오히려 당신의 영성을 더욱 깊게 만들어 준다. 이제는 좋아했던 모든 일을 더 이상 할 수 없게 되고, 그래서 자신을 쓸모없다고 느낄 수도 있으며, 시간이 너무 많아 감당하기 어렵게 느껴질 수도 있다. 그러나 이 시간은 하느님께서 주신 귀한 선물이다. 나이를 부정하며 사소한 일에 매달리거나, 예전 같지 않은 현실을 슬퍼하면서 남은 날들을 보낼 수도 있다. 하지만 그 대신, 이 공허해 보이는 시간 속에서 예상치 못한 풍요로움을 발견하라는 하느님의 초대를 받아들일 수는 없을까? 나이가 드는 것은, 거기서 수반되는 문제가 무엇이든 간에, 당신 삶의 다른 어떤 단계와 마찬가지로 축복받은 시간이며, 그 자체로 고유한 은총과 성장의 기회를 가지고 있다. 그게 아니라면, 당신은 징징대고 불평하면서 심리학자 에릭 에릭슨Erik Erikson이 말한 '수천 개의 작은 짜증들'로 가득한 삶을 살게 될 것이다. 그러나 이것은 결코 우리에게 바라시는 하느님의 계획일 리 없다.

오래오래 사랑스럽게 바라보기

천천히 늦춰지는 것에 숨겨진 은총은 당신이 보다 관상적으로 될 수 있다는 것이다. 당신은 있는 그대로의 세상을 보고 음미할 시간을 낼 수 있게 된다. 나는 '관상'이라는 단어의 풍부한 의미를 이미 설명했다. 이 말은 현실을 오래 사랑스러운 눈길로 바라보는 것을 의미한다. 현실은 당신 주변 어디에나 있다. 고양이와 강아지, 새, 곤충과 꽃, 구름과 비를 포함한 자연, 그리고 집과 옷, 돈 등도 포함된다. 또한 인쇄물이나 영상물에 펼쳐지는 인간의 삶 모두를 말한다. 현실은 당신의 주름진 피부와 약해진 시력, 질병, 병원, 간호, 전염과 주사, 웃음과 눈물이다. 또한 걱정, 두려움, 기쁨, 슬픔, 희망, 실망, 사랑, 분노와 같은 내적 감정의 세계다. 그리고 당신의 감각을 통해 전달되는 광대한 세상이다. 이 모든 것을 오래도록, 사랑스럽게 바라보라.

당신은 자신에게 시간을 내지 못할 만큼 바쁜 삶을 살아왔을지도 모른다. 어쩌면 새벽부터 저녁까지, 심지어 밤늦게까지 일을 했을 수도 있고, 시간이 안 되는 자녀들을 대신해 손주를 돌봐주었을 수도 있다. 아니면 직장을 은퇴한 뒤 늘 해보고 싶었던 것들을 할 수도 있다. 그러나 이제 하느님은 노년이라는 이 시기에 속도를 늦추고, 깊이 생각하며, 당신을 둘러싼 하느님의 세계를 여유롭게 관찰하는 삶으로 초대하고 계신다. 당신은 주방에서 정원을 바라보거나, 거실에서 세상이 돌아가는 것을 지켜볼 수도 있다. 만약 당신이 오랫동안 잔디를 깎거나 땅을 가꾸는 일을 했다면, 주변에서 펼쳐지는 삶의 리듬, 곧 순수하게 자라나는 풀과 꽃, 그리고 잡초들, 먹이를 찾아 바쁘게 움직이는 새들, 하루의 시작과 끝을 알리는 빛과 어둠에 경이로움을 느끼기 위하여 잠시 손길을 멈추고 쉬도록 하라.

당신이 당연하게 여기거나 즐길 시간을 갖지 못했던 모든 것들에 이제 간절한 눈길을 주어라. 사랑으로 바라보는 것이라면 시간 낭비가 아니다. 왜 그런가? 하느님도 이 모든 것을 지극한 사랑으로 바라보시기 때문이다. 모든 것이 하느님의 작품이다. 모든 것은 각자의 실존을 떠받쳐 주시는 하느님을 은유적으로 드러내고 있다. 하느님과 함께 앉아 주변의 모든 것을 사랑으로 바라보라. 관상적 차원에서 보면, 잡초는 단지 뽑아버려야 할 것이 아니고, 나뭇잎은 그냥 쓸어내야 할 것이 아니며, 아이들은 단순히 말썽꾸러기가 아니다. 모든 것은 존중되어야 한다. 그렇게 당신은 관상하는 가운데 삶의 의미인 하느님을 만나게 된다. 그리고 하느님께 점점 더 가까이 나아가게 된다.

감사합니다

주변의 삶을 관상하면서, 당신은 성장, 아름다움, 쇠퇴, 계절의 리듬, 예측할 수 없는 인간의 마음 같은 신비 속으로 이끌려 들어갈 것이다. 당신은 자연의 모든 것이 제 역할을 다하며, 홉킨스가 말한 대로 '아름다움 그 자체이자 아름다움을 주시는 분'이신 하느님을 암시하고 있음을 알게 될 것이다. 신학자 한스 우르스 폰 발타사르Hans Urs von Balthasar가 말한 것처럼, 창조는 하느님의 성광(聖光, 성체현시나 성체강복 때 성체를 보여주기 위해 사용되는 제구)이다.

모든 것을 사랑으로 바라보며 하느님께 감사드려라. 그러면 당신은 감사하는 사람이 된다. 14세기 신비가 마이스터 에크하르트Meister Eckhart는, 만약 당신이 드린 유일한 기도가 '감사합니다'라면 그것으로 충분하다고 말했다. 또한 유럽을 순례하면서, 밭의 농작물과 소들을 키우느라 바쁜 농부들을 위해 하느님께 감사의 기도를 드렸던 예수회원 성 베드로 파브르를 본받을 수도 있다. 당신은 무심한 세상을 위해 기도의 횃불을 들 수 있다. 이러한 감사의 실천은 당신의 노년에 엄청난 풍요로움을 줄 뿐만 아니라, 세상 또한 풍요롭게 해준다.

풍요로움과 신비가 담긴 당신의 삶을 오랫동안 사랑의 마음으로 되돌아보고, 그 모든 것에 대해 하느님께 감사를 드려라. 그때는 보지 못했던 것들, 당신에게 일어났던 모든 일과 당신이 했던 모든 것을 이끄는 손길이 있었음을 깨닫게 될 것이다. 우리는 나중에 당신이 가진 후회들, 아직 하느님을 쉽게 바라보지 못하게 만드는 어두운 면들을 살펴볼 것이다. 하느님은 세상을 두렵게 하는 악조차도 사랑으로 바라보신다는 것, 그리고 그것을 치유하고 그 안에서 선을 이끌어 내시기 위해 일하신다는 것을 명심하라. 악이 힘을 못 쓰게 한 것은 하느님의 고유한 일이지만, 그것은 오랜 시간이 걸릴 수도 있다. 여기서는 '발자국'이라는 유명한 이야기의 메시지를 나누는 것으로 충분하다. 당신은 고통스러운 시간 동안, 모래 위에 찍힌 오직 하나의 발자국만 발견하고 자신이 버림받았다고 느꼈을지도 모른다. 하지만 그 하나의 발자국은 주님께서 당신을 업고 가셨기 때문에 생긴 발자국이었다.

기도 안에 머무르며

다시 한번 주님과 시간을 보내기 위해 그분을 초대하라. 그분이 당신을 사랑 어린 눈으로 바라보시는 것을 느껴보라. 성녀 데레사가 말했듯이, 그분은 당신을 겸손한 마음으로 사랑스럽게 보신다.

주님은 당신에게 이렇게 말씀하신다. "너는 늙어가지만 여전히 나의 사랑이다. 나는 너를 머리부터 발끝까지 사랑한다. 너의 주름진 손, 앙상한 다리, 하얗게 센 머리카락, 깜박깜박 잊어버리거나 기도에 집중하지 못하는 것조차 사랑한다. 무엇보다도 나는 너의 마음을 사랑한다. 산만함 속에서도 나를 향해있는 너의 마음을!"

당신의 마음이 이끄는 대로 주님께 응답하라. 어쩌면 그분을 사랑스러운 눈길로 바라보는 것부터 시작할 수 있다. 그분과 함께 머물며, 그분을 경외하고, 그분의 사랑에 감사하는 마음을 느껴보라.

당신의 트럼펫에서 먼지를 털어라

긍정적으로 살아가라

더블린 소재의 국립 콘서트홀에서는, 과거에 자신이 좋아했던 악기 연주를 지금은 그만둔 노인분들에게 초대장을 보냈다. 함께 모여 '자신의 트럼펫에서 먼지를 털어버리고' 다시 연주를 시작해 보자는 초대였다. 많은 이들이 함께했고, 그들은 처음에 수줍어했지만 이내 자신감을 갖고 참여했다. 다함께 무척 즐거운 시간을 보냈고, 연주회를 열기로 의견도 모았다. 무엇보다도 그들은 자신의 삶에 다시 '활기'라는 색깔이 입혀졌다고 느끼기 시작했다. 좋은 포도주처럼 우리는 나이를 먹으면서 더 깊은 맛을 낼 수 있다.

당신도 자신의 트럼펫에서 먼지를 털어내고 싶은 충동을 느끼는가? 영국의 정신분석가인 도널드 위니컷Donald Winnicott 이 "내가 죽음을 맞이할 때도 생기가 넘쳐있을까?"라고 말했던 희망을 당신도 공감하는가? 예수님이 당신에게 바라시는 것처럼, 하루하루를 충만하게 살고 싶은가? 천천히 떨어져 버리는 가을의 낙엽이 아니라 활짝 핀 꽃으로서의 자기 모습을 상상할 수 있는가? 예측 가능한 시간표를 고집하고 위험을 피하면서, 삶에서 벗어나고 싶은 유혹을 느껴본 적 있는가? 당신의 일상을 방해한다는 이유로 초대를 거절하는 편인가? 마지막으로 미용실에 가거나 새 옷을 샀을 때는 언제인가? 당신은 매일, 매주 똑같은 일만 반복되는 삶을 살고 있지는 않은가?

앞 장에서, 나는 세계를 예술가의 스튜디오에 비유할 수 있다고 제안했다. 예술가는 이곳에서 당신을 포함한 피조물로 분주한 상황이다. 그러나 다른 예술가의 스튜디오와는 달리, 여기서는 예술 작품이 살아있고 각각의 작품은 자기 자신과 주변 상황을 형성해 나가며 자기의 역할을 해나간다. 이제 우리는 생명이신 '하느님처럼 되어가기' 때문에, 노년이라 할지라도 주변 세계에 하느님의 생명과 사랑을 발산할 수 있다.

우리는 자신에게만 빠져있어서는 안 된다. 우리는 삶을 가능한 한 충만하게 살면서, 주변 사람들에게 생명을 불어넣어 주어야 한다. 그들이 우리에게 바라는 대로 말이다. 오랜 친구와 연락하고, 약속을 잡고, 옷을 차려입고, 택시를 잡는 일이 번거로울 수도 있다. 그러나 당신과 친구들이 하느님의 작품이라고 상상해 보라. 하느님은 우리가 얼마나 잘 어울리는지 보려고 한데 모아놓으셨다. 당신들은 앞으로의 여정에서 서로를 격려할 수 있다. 우리는 주변 사람들에게 생명을 퍼뜨리기도 하고 죽음을 퍼뜨리기도 한다. 선택은 우리의 몫이다. 주변 사람들에게 베푸는 친절은 당신이 할 수 있는 작고 쉬운 일을 하는 것으로 충분하다. 그러니 자신을 초라하게 내버려두지 마라. 스스로를 돌보며 삶을 긍정적으로 살아가라.

당신이 말하려는 것은

제니 조셉Jenny Joseph의 잘 알려진 시 〈경고〉는 노인의 상상력과 예측 불가능성에 대한 놀라운 찬사다.

할머니가 되면 난 보라색 옷을 입을 거야.
어울리지 않는 빨간 모자도 쓰고
연금으로는 내가 좋아하는 브랜디와
여름용 장갑, 비싼 샌들을 사고
그러고 나서 버터 살 돈이 없다고 말할 거야.

이 시의 전문은 여러 문집과 인터넷에서 찾아볼 수 있다. 관습에 얽매이지 않는다면, 당신이 하고 싶은 일들의 목록을 만들고 자기만의 시를 쓸 수도 있겠다. 하지만 "이런 일은 시간이 많은 사람들에게나 가능한 얘기야. 만약 침대에 누워있어야 하거나, 질병과 고통으로 기력이 떨어졌거나, 가족의 비극이나 상실의 무게를 지고 가야 하는 경우에는 다르지"라고 말할 수도 있다.

나이 듦은 예측 가능한 감소와 예측 불가능한 감소를 모두 가져온다는 점은 확실하다. 나는 오스트리아에 있는 산을 다니면서, 리프트를 타고 정상까지 올라갔다가 걸어서 내려오는 방법으로 바꾸었다. 이제는 협심증의 위협 없이 운하 근처를 걸을 수 있다면 행복하다고 생각한다. 만약 내가 충분히 오래 산다면, 뒤에서 밀어주는 사람이 있을 때까지는 돌아다닐 것이다. 어쨌든 우리는 최선을 다해 살도록 초대받은 셈이다.

나는 당신 스스로에게 이런 질문을 해보라고 하고 싶다. '지금 나의 한계를 고려할 때, 무엇이 나에게 생명을 가져다 줄 수 있을까? 이 삶의 단계에서 무엇이 나의 몸과 영혼, 정신, 그리고 마음에 영양분을 공급해 줄 수 있을까?' 나는 매일 운동을 하지 않으면 근육이 경직될 것이라는 얘기를 들었다. 그런데도 나는 운동이 싫어서 자주 빼먹었다. 하지만 물리치료사가 옳다는 것을 알고 있다. 고통이 없으면 얻는 것도 없는 법이다. 의사 선생님은 나에게 "만약 당신이 65세 이후에 고통 없이 아침을 맞이한다면, 그건 당신이 죽었다는 뜻입니다!"라고 말했다. 이 말은, 살아있다는 것은 굉장한 도전이라는 뜻으로도 다가온다. 왜 좋은 텔레비전 프로그램을 보고, 글을 읽고, 퍼즐을 맞추고, 영화 보러 가는 것을 귀찮게 여기는가? 이러한 활동들이 두뇌를 활발하게 해주고, 대화의 소재를 제공해 주는 데도 말이다. 왜 친구들과 전화나 이메일로 연락하는 것을 귀찮아하는가? 우리는 관계를 위해 만들어졌고, 관계가 없으면 죽는 데도 말이다. 한편 왜 휴대폰이나 리모트컨트롤 같은 제품들을 갖고 씨름하는가? 그 이유는 그러한 도구들이 빠르게 변하는 세상과 나를 연결시켜 주기 때문이다. 아마도 나는 그러한 것들을 쓸모없다고 여길지도 모르겠지만, 삶의 유용한 원천들로부터 나를 차단한다는 것은 죽기 시작하는 것과도 같다. 프랑스의 사상가 블레즈 파스칼Blaise Pascal은 "당신이 배우기를 멈출 때, 당신은 죽어가기 시작한다"라고 말했다. 궁금한 것으로 가득 찬 노인들에게는 배울 것도, 할 것도 많기에 시간이 빨리 지나간다. 얼마 전, 어떤 사람이 지인에 대해 이런 얘기를 들려주었다. "그녀는 몇 년 전에 죽었는데, 삶의 의지가 전혀 없었어요!"

우리가 점점 더 의존적이 될수록 다른 사람들이 우리를 돌봐야만 한다. 만약 우리가 긍정적인 자세로 그들이 하는 것에 관심을 갖고 대화를 나눈다면, 그들이 보다 즐겁게 일하도록 도와줄 수 있다. 우리가 밝은 모습으로 가족을 사랑하고 또 어떻게 지내는지 흥미를 보인다면, 그리고 삶의 풍성한 신비를 나눈다면 가족들은 더 자주 찾아오게 될 것이다. 자기에게만 몰두하거나 삶을 부정적인 시선으로 보는 사람을 지속적으로 방문하고 싶은 이는 없을 것이다. 우리는 자신을 넘어설 때 비로소 살아있음을 느끼게 된다. 삶은 우리 주변의 모든 것과 관계를 맺는 일이다. 철학자들은 인간이 자기 초월을 통해서 본래의 모습을 얻게 된다고 말한다. 자기 너머로 나아감으로써 진정한 나 자신이 되게 하라. 사람들은 생명과 사랑에 이끌린다. 내 삶의 등불이 얼마 안 남았더라도, 나는 충분히 미소를 건넬 수 있다.

나이 든 이와 대담한 이

몇 년 전, 예수회 아일랜드 관구는 65세가 된 회원들을 위해 일주일간의 세미나를 계획하였다. 그들은 숙소에 머물며 남은 생애 동안 무엇을 하고 싶은지 생각해 보는 시간을 가졌다.

어떤 의견이 나오든 간에, 첫 번째 반응은 '안 될 게 뭐야?'였다. 그 그룹은 '나이 든 사람들과 대담한 사람들'의 목소리로 가득 찼다. 그들은 자신의 특별한 트럼펫에서 이제 먼지를 털어버리고 싶어 했고, 삶에 대한 새로운 열정과 열망으로 끓어올랐기 때문이다. 그들의 성경 주제는 히브리인들에게 내민 모세의 도전적인 요구였다. '내가 너희 앞에 생명과 죽음을 내놓는다. 생명을 택하라!'(신명 30,19 참조) 그들이 좋아하는 시

구절은 로버트 브라우닝Robert Browning의 '나 자신과 함께 늙어 가라! 최고의 나는 아직 오지 않았다'였다. 그들은 한 주 동안 해방감을 느꼈고, 많이 웃었으며, 정도의 차이는 있지만, 자신에 대해 상상했던 일들을 실천에 옮겨보았다.

기도 안에 머무르며

예수님과 함께 식탁에 앉아 커피 잔을 올려놓고 다음의 이야기로 그분과 대화해 보라.

> "저희와 함께 묵으십시오. 저녁때가 되어가고 날도 이미 저물었습니다."(루카 24,29)

저를 항상 젊게 지켜주소서.
당신에게서 길어 올린 영원한 젊음보다
더 나은 그리스도교의 증거가 어디 있겠습니까?
노년은 당신에게서 오고
노년은 우리를 당신께로 이끌며

노년은 오직 당신의 뜻대로만 저를 어루만질 것이니
내면과 외면의 미소는 저에게 무슨 일이 주어지든
달콤함과 부드러움으로 마주하는 것을 의미합니다.
저는 오시는 그분을 만나러 앞으로 나아갑니다.

테야르 드 샤르댕

나이 듦이 가져다주는 '무익해 보이는' 시간의 선물이 어떻게 더욱 은총으로 가득 찰 수 있는지 예수님과 이야기해 보라.

저를 사랑 안에서 성장시켜 주소서

어떤 사람이 되고 싶은가?

나는 예수회 신학원에서 3년 동안 철학을 공부했다. 그곳은 아일랜드 앨런 습지대 인근에 있는 툴라벡 대운하 근처에 있었다. 쉬는 날인 목요일만 되면, 함께 공부하는 수사들은 낡은 보트를 타고 운하를 오르락내리락하면서 즐거운 시간을 보냈다. 보트 보관소 근처에는 어떤 농부의 가족이 살고 있었다. 어느 날 그 집을 방문한 친척이, 한 아이에게 이담에 커서 아빠처럼 농부가 되고 싶은지 아니면 큰형처럼 트럭 기사가 되고 싶은지 물었다. 아이는 단호하게 "아니요! 저는 철학을 공부하는 사람이 되고 싶어요!"라고 말했다.

일흔두 살이 되었을 때, 나는 영적 지도자에게 내 나이를 이야기했다. 그러자 그가 물었다. "앞으로의 계획은 뭔가요? 어떤 사람이 되고 싶습니까?" 좀 솔직하고 사적인 질문이었지만, 곰곰이 생각해 보게 되었다. 나는 내가 하고 싶은 일들에 대해 말하기 시작했다. 글쓰기, 친구들과 시간 보내기, 운동 열심히 하기, 더 많이 기도하기, 시 읽기, 영화 보기, 재미 삼아 무언가를 기르기, 삶을 더 여유롭게 받아들이기…. 한바탕 나의 열띤 얘기가 끝나자 그에게서 이런 질문이 되돌아왔다. "그래서 당신은 무엇이 되고 싶은가요? 세상에 어떤 존재이고 싶은가요?"

6주가 지난 후 나는 영적 지도자를 다시 만났다. 우리는 위층에 있는 그의 방에 앉아 밖에서 나는 비바람 소리를 들었다. 그는 말없이 기다려 주었다. 침묵을 깨고 나는 이렇게 말했다. "나는 더 사랑하는 사람이 되고 싶습니다. 앞으로 무슨 일이 일어나든 나는 주변 세상 속에서 보다 더 사랑하는 존재가 되고 싶습니다." 나는 이것이 꽤 분명하다는 생각이 들었다. 마치 리지외의 성녀 데레사가 교회의 심장에 있기를 갈망하는 것처럼. 대단히 특별한 것은 없었다. 모두가 갖는 그런 부르심일 뿐이다. 하지만 나는 그 느낌이 좋았다.

신성한 계획

앞 장에서, 나는 하느님께서 주신 여생을 살아가는 것은 좋은 일이라고 말했다. 하지만 삶을 위한 우리의 외적 능력은 때로는 천천히 때로는 급격하게 감소하고 만다. 머지않아 계획했던 휴가도, 정원 보수나 헬스장 회원권도 모두 포기해야 할 순간이 온다. 노쇠, 치매 또는 다른 질병으로 인해 삶의 폭이 좁아질 수도 있으며, 어쩌면 삶이 얼마 남지 않았다는 진단을 받을지도 모른다. 그러면 우리는 삶의 모든 계획들을 내려놓고 하느님을 직접 대면하게 된다는 근본적인 문제와 마주해야 한다. 그때를 위하여 나는 지금 어떤 계획을 세울 수 있겠는가?

새로 번역된 감사기도 제2양식은 '주님 … 교회를 생각하시어 … 사랑의 교회를 이루게 하소서'이다. 기도문은 상당히 감미롭고 부드럽게 이어진다. 그러나 이전 번역에는 보다 강한 힘이 있다. '저희를 사랑 안에서 성장시켜 주소서Make us grow in love'라는 기도문을 처음 들었을 때 나는 자세를 바로 고쳐 앉았고, 그 말씀은 지금까지 계속 내 마음에 깊이 새겨져 있다. 교회가 우리에게 해주는 이 말씀은 하느님과 함께하는 삶과 그 관계에 대한 것이다. 결국 이 메시지는 "네 마음을 다하고 네 목숨을 다하고 네 정신을 다하여 주 너의 하느님을 사랑해야 한다. 네 이웃을 너 자신처럼 사랑해야 한다"(마태 22,37-39)는 것이다.

하느님과 세상을 향한 사랑 안에서 성장하는 것, 바로 이것이 우리의 가장 중요한 과제다. 그러나 하느님께서 이 일을 하시도록 교회가 청하고 있다는 게 중요하다! 교회의 청원인 이 신성한 계획은 우리를 위한 것이다. 이 기도문은 '저희가 사랑 안에서 성장하게 되기를 기원합니다'라고 모호하게 말하지 않고, '저희를 사랑 안에서 성장시켜 주소서'라고 명확하게 요청한다. 사랑 안에서 성장하는 것은 우리 자신의 힘으로 할 수 있는 일이 아니기 때문에, 나는 이 표현을 더 좋아한다. 이것은 나이 드는 것처럼 우리 안에서 저절로 이루어지는 것이 아니다. '해주소서'라는 말은 하느님께서 때로는 다루기 힘든 문제들을 다루셔야 할 수도 있음을 암시한다. 뉴스를 보면 대다수의 사람들이 선하고 관대하지만, 너무나 많은 이들이 증오에 가득 차있음을 알 수 있다. 우리가 사랑 안에서 성장하는 것이 하느님의 계획이기도 하지만, 그것을 이루기 위해 우리는 적극적이고 열정적으로 협력할 필요가 있다.

이게 다 무엇일까?

많은 사람들이 '이게 다 뭐지? 내게 일어나는 일이 무슨 의미가 있는 걸까? 이것이 전부일까?'라는 질문을 한 번도 하지 않고 사는 것처럼 보인다. 계획이 무엇인지 아무도 모르는 회의에 참석했다고 상상해 보라! 인간을 위한 계획을 누가 깊이 생각해 보았겠는가? 우리 존재의 의미가 부나 명예, 힘, 아름다움, 육체적 안녕이 아니라, 사랑 안에 있음을 아는 것은 큰 도움이 된다.

신성한 계획은 굉장히 단순하다. 그것을 파악하기 위해 신학을 공부할 필요도 없다. 이는 사랑의 문화, 건강하게 사랑하는 관계, 누구도 배제하지 않고 포용하는 공동체를 만드는 것이다. 우리는 각자의 상황에서 이 계획을 증진시켜 나가고, 우리 주위에서 고유한 방식으로 나타나는 하느님의 창조적인 사랑을 드러낼 필요가 있다. 이 사랑은 종말 때 완전하게 성취되겠지만, 그 완성을 위하여 주님에 앞서 하느님 나라의 길을 닦는 세례자 요한처럼 사람의 길을 앞서가야 함을 명심해야 한다.

모든 사람들이 이 단 하나의 목적을 공유하는 세상을 상상해 보라. 지구상에 있는 사람들이 아침에 일어나서 '오늘 무슨 일이 일어나든 간에, 혹은 어떤 최악의 일이 일어나든 간에, 나는 사랑 안에서 성장하고 싶고, 내가 만나는 사람들도 그렇게 하도록 돕고 싶다'고 스스로를 일깨우는 모습을 상상해 보라. 매일 전 세계에서 약 8500만 건의 만남이 유엔에서, 백악관에서, 바티칸에서, 의회와 법원에서, 지역 본당에서, 가정 안에서 그리고 개인들 사이에서 이루어진다. 그들의 특별한 계획이 무엇이든 간에, 모든 이에게 최우선은 진실로 사랑하는 것이어야 한다.

우리는 때로 하느님의 계획이 다소 느리게 진전된다고 느낀다. 하지만 여기서 하느님을 비난하는 것은 적절하지 않다. 나는 나 자신에 대한 책임이 있다. 이제 나는 이렇게 기도한다. '주님, 오늘 무슨 일이 생기든지 저를 사랑 안에서 성장시켜 주십시오. 그리고 필요한 곤경이라면 받아들이게 해주십시오.' 얼마 전에 친구가 무릎 인공관절 수술을 받았다. 이후 재활 물리치료는 고통스러웠지만, 치료를 받지 않으면 수술한 의미가 없기에 그녀는 인내롭게 견뎠다. 인생은 힘들고, 노년기는 정말 녹록지 않다. 그러나 하느님은 우리 삶의 고통 속에서 선을 끌어내시고, 우리의 마음을 온전히 열어주시기 위해 우리가 서로에게 주는 고통조차 활용하신다. 우리의 임무는 이 신성한 치료를 받아들이는 것이다. 예수님은 고난을 통해 배우셨고, 우리 역시 그렇다.(히브 2,18 참조)

지난 몇 년간 나는 내 안에서 활동하시는 하느님께 저항하거나, 쓸모없는 것들에 내 에너지를 낭비해 왔을지도 모른다는 생각에 착잡한 느낌이 들었다. 하지만 오늘부터 내 마음을 넓히는 데 필요한 대가를 기꺼이 받아들이겠다. '저희를 사랑 안에서 성장시켜 주소서'라는 기도문은 불쑥 튀어나온 말이 아니다. 오히려 이는 그리스도인의 삶에 있어 근본적인 것이다. 결국 우리 모두는 사랑이신 하느님의 딸이자 아들이 되어야 한다. 하느님께서 우리를 직접 대면하실 때, 그분이 우리를 당신의 자녀로 알아보실 수 있도록 해야 한다.

선을 찾아서

나는 삶이 무너진 누군가의 이야기를 최대한 귀 기울여 들은 후, 종종 이렇게 질문한다. "이 모든 상황에서 어떻게 선익을 이끌어 낼 수 있는지 함께 찾아보면 어떻겠습니까?" 핵심은, 하느님께서는 이별이나 자살과 같은 잘못된 것에서도 선익을 끌어내기 위해 이미 일하고 계신다는 점이다. 우리는 실패한 일이나 죄의식, 분노와 같은 감정에 얽매이기보다는 하느님께서 우리를 위해 애쓰고 계심에 초점을 맞추는 것이 바람직하다. 당신은 어떤 상황에서도 스스로 이렇게 할 수 있다. 자기주장이나 고집을 약간 수그러뜨리고, 의도하지 않은 실패 속에서도 자신이 뭔가를 하고 있다는 것을 더욱 의식하라. 하느님께서는 당신이 다른 관계 속에서 더 풍부한 감수성과 헌신의 자세를 갖도록 촉구하실 수 있다. 모든 관계는 우리에게 많은 것을 요구한다. 따라서 당신은 앞으로 닥칠 문제의 징후에 더욱 민감하게 주의를 기울이며 적절한 조치를 취할 수 있다. 하느님께서는 인류 역사의 모든 관계에 관여하신다는 점을 명심해야 한다. 신학자들은 하느님이야말로 관계 그 자체라고 말한다. 관계에 있어서 하느님께서 하시는 일의 특징은 실패로부터 선을 이끌어 내는 것이다.

2007년, 내가 살던 예수회 집과 내 모든 물건들이 잿더미로 변해버렸을 때, 한동안 나는 분노와 절망, 좌절 사이에서 요동을 쳤다. 마치 정박용 밧줄을 잃어버리고 육지에서 멀어진 채 속절없이 떠다니는 한 척의 배처럼, 나는 급격하게 표류하고 있는 나 자신을 발견했다. 바로 그때 누군가, 내가 이 일을 통해 성장할 수 있을 것이라고 말해주었다. 이 잿더미에서 내 안의 어떤 좋은 것이 자라날 수 있는지 나에게는 불가능해 보였다. 그러나 고통은 내 마음을 변화시켰고, 선한 움직임은 내면의 혼란을 정리할 수 있게 해주었다. 모든 것을 잃어버린 세상의 난민들에게 나는 깊은 공감을 느끼게 되었다. 우아하게 흘려보내는 기술을 배웠고, 오래전에 했던 청빈서원의 깊은 의미도 새삼 깨닫게 되었다. 자신들의 옷장을 열어 내게 필요한 것을 나누어 준 형제들의 따뜻함도 경험하였다. 추운 날씨였지만, 냉소적인 공허함 속에서 표류하기보다는 다시 시작할 수 있게 해주는 새로운 자유를 갖게 되었다.

하느님은 우리를 위해 계신다

너무나 쉽게 잊어버리는 우리이기에, 삶이 무엇을 의미하는지 하느님의 관점에서 규칙적으로 되돌아보는 것이 중요하다. 성찬 전례는 우리를 위해 당신의 몸과 피를 내어주시는 예수님 안에서 하느님을 드러낸다. 우리는 무한한 사랑을 받고 있으며, 이 특별한 형태의 사랑으로 자신이 성장해야 함을 깨달아야 한다. 어떤 날에 무슨 일이 일어나든, 해야 할 일이 있든, 참아야 할 일이 있든 하느님은 이러한 상황을 통해 당신을 사랑 안에서 성장시키기 위해 변함없이 일하고 계신다. 이 지속적인 하느님의 목적과 나와의 조화를 이루시려는 하느님의 활동이 비록 신비로운 것이라고 해도, 당신은 그 신성한 역동성에 참여해야 한다.

당신이 깨달을 수만 있다면, 사랑 안에서 성장할 가능성은 반드시 어딘가에 있다. 볼 수 있게 도와달라고 청하라. '주님, 제가 볼 수 있는 눈을 주시고, 들을 수 있는 귀를 주십시오'(마태 13,16-17 참조)라고 기도하라. 한편으로는 당신의 삶에서 뭔가가 망가진 것처럼 보이지만, 다른 한편으로는 사랑 안에서 성장할 가능성이 열리는 것이다. 우리는 주님의 기도에서 '아버지의 뜻이 땅에서도 이루어지소서'라고 기도한다. 하느님의 뜻은 우리가 모든 것 가운데 사랑 안에서 성장하는 것이다. 그래야만 모든 일이 서로 작용하여 좋은 결과를 이룰 수 있게 된다.(로마 8,28 참조)

불어오는 바람

머튼은 우리 안에서 일하시는 하느님을 보여주기 위해 「새 명상의 씨」에서 어떤 이미지를 제안한다. 그는 바람이 수천 개의 씨앗을 이동시킨다고 말한다. 그중 일부는 좋은 토양에 내려앉아 발아하고, 나머지는 더 좋은 땅을 기다려야 하거나 아니면 소멸한다. 마찬가지로 하루의 각 순간은, 우리가 정신과 마음 안에 머무르고자 하는 영적 생명력의 싹을 가져다준다. 하느님께서 우리에게 보내주신 이 싹은 자신을 받아들이고 품어줄 토양을 바라지만, 대부분의 경우에 소멸하거나 사라져 버리고 만다. 싹이 뿌리내리고 발아하고 열매를 맺을 수 있는 좋은 토양을 발견하지 못하기 때문이다.

씨앗과 싹의 이미지가 암시하는 것은 우리 각자가 사랑 안에서 성장할 수 있도록 하느님께서 지속적으로 우리의 상황을 살피시고, 우리와 놀라울 만큼 가까이 계시다는 것이다. 우연히 접하게 된 머튼의 말은 마치 책장을 뚫고 나온 것 같았다. 만약 당신이 그의 말에 감동한다면 그것은 축복이자 머튼의 말대로 언젠가 싹이 트고 열매를 맺으리라는 점을 말해준다. 너무나 많은 씨앗들이 당신 안에 미처 뿌리를 내리지 못한다는 사실에 우울할 필요는 없다. 이 특별한 씨앗이 당신의 마음 안에 들어오게 된 기적에 초점을 맞추고, 평생 그것을 돌보는 데 힘쓰도록 하라. 이 이미지를 발견하게 된 것만으로도 이 책을 작업한 것은 가치 있는 일이었다. 나는 이제 하느님께서 모든 일 뒤에서 끊임없이 지치지 않고 일하신다는 것을 느끼고 있다. 내가 이해할 수만 있다면, 사랑 안에서 성장할 가능성은 모든 곳, 모든 순간에 있다는 신비에 집중해 보고 싶다. 홉킨스가 말한 대로, 하느님은 '숨 쉬는 것보다 내게 더 가까이 계시고, 손과 발보다 더 옆에 계시며' 나를 위해 바쁘게 움직이신다. 하느님께서는 부드러우면서도 끈질기게 문을 두드리신다. 그것은 한 번으로 그치지 않고 끊임없이 계속되는 초대다.(묵시 3,20 참조)

성숙한 성찰

몇 년 전, 어떤 유명한 아일랜드 정치인이 특정 사안에 대해 부인했다가 쏟아지는 증거들의 압박에 못 이겨 결국 시인했는데, 이로 인해 '성숙한 성찰mature reflection'이라는 문구가 인기를 끌었다. 이냐시오 전통에서, 성숙한 성찰이란 우리가 무엇을 해야 할지 하느님께서 보여주시는 것을 바라보고 받아들이는 것이다. 나에게 있었던 상황을 통해 함께 살펴보도록 하자. 어느 날 아침, 나는 좋은 관계를 맺고 있던 어떤 사람과 만났는데, 그는 남성중심적인 교회를 강하게 비판하면서 나를 몰아세웠다. 너무도 가슴 아픈 일이었다. 그 내용이 진실이 아니라고 부인하는 것은 아니다. 다만 적어도 그 부분에서 나는 나의 신념을 고수할 수밖에 없었기 때문이다. 나는 만남을 끝내고 싶었고, 정의로운 분노 때문에 그 사람과 더 이상 어떤 관계도 맺고 싶지 않다는 생각이 들었다. 하지만 그렇게 하면 참으로 사랑 안에서 성장할 수 있겠는가? 이 고민에 대한 대안은 내가 그에게 솔직하게 이메일을 쓸 수 있도록 도와달라고 하느님께 청하는 것이었다. 나는 그렇게 했고, 이틀 후 나의 솔직함과 우려에 감사하다는 답신을 받았다.

또 다른 상황으로, 나는 사별과 상실에 관해 강의하러 다른 지역에 갈 일이 있었다. 운전하던 중에, 과연 청중의 기대에 부응할 수 있을지 걱정하고 있는 나 자신을 발견하였다. 그때 번뜩이는 질문 하나가 머릿속을 스쳐갔다. '나는 이 일을 직업으로 하고 있는 것인가? 아니면 하느님께서 내가 하기를 원하시기 때문에 하고 있는 것인가?' 나는 쓸데없는 걱정 대신에 유익한 모임이 되게 해달라고 기도해야겠다는 생각이 들었다. 나는 예수님이 차 안에 나와 함께 계신다고 상상했다. 그리고 예수님도 군중 앞에서 말씀하시기 전에 걱정이 되곤 하셨는지 여쭤보았다. 나와 예수님은 강의가 대단한 성공을 거두지는 않더라도, 듣는 분들에게 사랑을 건네는 봉사여야 한다는 데 동의했다. 저녁 강의는 순조롭게 진행되었다. 강의 후에, 내가 전에 낑낑대던 프로젝트 하나를 도와주었던 분을 우연히 마주치게 되었다. 집으로 가는 길은 안개가 끼어있었지만, 나는 그분을 태우고 돌아가면서 감사의 인사를 전했다. 이렇게 오랜 시간이 흐른 뒤에서야 말이다. 그분과 헤어진 후, 집에 늦게 도착한 나는 잠이 들었다가 알림 한 통에 잠이 깼다. 3개월마다 한 번씩 있는 모임 날짜를 알리는 문자였다. 다시 선택의 순간을 맞았다. 잠을 설친 것에 대한 짜증, 자기중심적인 오만한 판단과 사랑의 마음으로 인내하는 것 사이의 선택. 성 이냐시오의 충고는 다른 사람의 말이나 행동을 선하게 해석하라는 것이다. 나는 이 충고와 씨름하다가 다시 잠이 들었다.

하루 안에서 마주하게 되는 작은 짜증은 은총이 들어오는 문이기도 하다. 우리의 모든 만남은 생명을 주기 위한 것이다. 우리는 이것이 어떻게 작용하는지 복음에서 확인할 수 있고, 우리 역시 그와 같이 하려고 노력할 수 있다. 나는 불공정한 판단에 대해 상당히 민감하게 반응하는데, 사실 어린 시절부터 쭉 그래왔다. 하지만 이제는 부정적인 순간을 마주할 때, 오히려 하느님께서 촉구하시는 것에 민감해져야 할 필요가 있음을 알고 있다. 모든 상황은 마음을 확장할 수 있는 기회를 제공해 준다.

몇 년 전, 세상을 떠난 형제들 가운데 한 명이 나에게 이렇게 말한 적이 있다. "나는 괴팍하거나 부정적인 늙은 바보가 되고 싶지 않지만, 내가 그쪽으로 기울고 있을까 봐 두렵습니다." 그 뒤로 그는 긍정적이고 친절한 말이 아니라면 아예 말하지 않기로 다짐했다. 놀랍게도 그는 삶의 마지막 18개월 동안 반혼수 상태에 빠져 거의 아무 말도 하지 못했다. 대신 가끔 눈을 뜨고는 이해할 수 없는 말을 하고서 미소를 지은 뒤, 다시 자신의 내면세계로 빠져들었다.

그것이 중요한가?

인생 후반에 얻는 축복 가운데 하나는, 정말로 중요한 것과 중요하지 않은 것이 보다 명료해진다는 점이다. 카드 게임에서 이기는 것, 자녀들이나 손주들에게 자기주장을 내세우는 것, 항상 정시에 맞게 도착하는 것, 최후의 발언을 하는 것, 까다로워지는 것, 사회적 지위를 유지하기 위해 '옳은 일'을 하는 것 등은 포기할 수 있다. '작은 일에 진땀 빼지 말라'는 말은 매력적인 명제다. 이전에 했던 대부분의 행동은 이제 정말로 중요하지 않은 일로 보일 수 있다. 반면 집과 차 그리고 정원을 보기 좋게 관리하고, 사회생활을 유지하며, 즐겁게 기도 생활에 충실하면서, 개인의 건강과 외모에 대해 적당하게 관심을 갖는 일은 좋은 것이다. 하지만 그보다 더 큰 무언가가 있다.

우리 삶의 가장 깊은 곳에는 '오직 한 가지' 필요한 것이 있다. 예수님이 베타니아라는 마을에 들어가셨을 때, 마르타라는 여인이 예수님을 자기 집으로 모셨다. 음식을 준비하느라 분주한 마르타가 그분께, 동생더러 자기를 도우라 일러달라고 청하였다. 그러자 예수님께서는 이렇게 말씀하신다. "필요한 것은 한 가지뿐이다."(루카 10,42) 예수님은 그것이 무엇인지는 말씀하지 않으셨다. 그러나 그분의 삶과 그분이 어떻게 선을 행하셨는지를 보면, 이 '한 가지'는 바로 '사랑'이라는 것을 알 수 있다.(사도 10,38 참조) 모든 것이 스러질지라도, 거룩한 사랑은 끝나지 않을 것이며 우리의 사랑도 마찬가지다.(1코린 13,8 참조) 신약성경의 위대한 계시는 하느님이 서로 완벽한 조화를 이루고 있는 거룩하신 세 위격, 삼위일체이시라는 데 있다. 성삼위는 우리가 짐작조차 할 수 없는 사랑의 삶을 공유하시며, 서로에게 자신을 내어주는 상호적인 사랑 안에서 온전히 행복하시다. 성삼위는 우리가 이 사랑을 나누기를 원하신다. 바로 이것이 우리에게 필요한 '한 가지'다. 거룩하신 세 위격은 당신들이 행하시는 모든 것에 다만 사랑을 쏟을 뿐이다. 우리 또한 그러할 때, 우리는 세 위격과 하나가 되고 조화를 이루게 된다.

마르타의 동생 마리아는 아마 예수님께서 오시기 전에 식사 준비를 도왔을 것이다. 하지만 그분이 오셨을 때, 마리아는 주님의 발치에 앉아 말씀을 듣고 있었다. 마리아에게 예수님은 특별한 분이셨다. 예수님 시대에는 여성을 가르치는 것이 시간 낭비라고 여겼지만, 예수님은 모든 이들을 존중하셨듯, 그녀도 존중하셨다. 예수님 역시 '오직 필요한 한 가지', 곧 마리아와의 상호적인 사랑의 관계를 원하신 것이다.

양질의 시간을 내주기

어느 시간 관리 전문가가 경영학과 학생들을 대상으로 강의를 하게 되었다. 그는 윗부분이 넓은 4.5리터짜리 병을 탁자 위에 놓고, 그 안에 주먹 크기의 돌멩이 12개를 조심스럽게 넣었다. 돌을 안에 더 넣을 수가 없게 되자, 그는 학생들에게 물었다. "이 병이 가득 찼나요?" 모든 학생이 "네"라고 대답하였다. 그는 탁자 밑에서 한 양동이의 자갈을 꺼냈다. 그러고는 다시 자갈을 넣고 병을 흔들었다. 자갈이 돌멩이들 사이사이에 잘 위치하게 하려는 것이었다. 그는 또 물었다. "병이 가득 찼나요?" 이쯤 되니 학생들도 눈치를 채고는 아닌 것 같다고 대답했다. 그가 "좋습니다"라고 대답하고는 다시 탁자 아래에서 한 양동이의 모래를 꺼내어 병에 붓자, 돌멩이와 자갈 사이사이 비어있는 공간으로 모래가 들어갔다. 그는 한 번 더 물었다. "이 병이 가득 찼습니까?" 학생들은 "아니요"라고 외쳤다. 이번엔 물을 찰랑찰랑해질 때까지 부은 다음 학생들에게 물었다. "이 시범의 요점은 무엇일까요?" 어떤 학생이 대답하였다. "아무리 일정이 꽉 차있어도, 노력만 하면 더 많은 일을 해낼 수 있다는 것입니다." 강사는 이렇게 말했다. "아닙니다. 요점은 이것입니다. 만약 여러분이 큰 돌멩이를 먼저 넣지 않는다면 나중에는 그것을 아예 넣을 수 없다는 것입니다."

우리는 그 '필요한 한 가지'를 우리 삶 속에 채워 넣어야 한다. 주님과 함께하는 시간이 우리에게 첫 번째 우선순위여야 한다. 그다음으로 다른 일상적인 일들을 배치해야 할 것이다. 우리는 하느님과 점점 더 깊은 관계를 맺도록 창조되었고, 그것은 시간이 걸리는 일이다. 얼마나 많은 시간을 쏟느냐는 중요하지 않다. 사랑하는 누군가와의 짧은 통화만으로도 관계는 환히 밝혀질 수 있다. 그런데 대부분 사랑하는 사람들은 서로에게 가능한 한 많은 시간을 내어준다. 가르멜수도회의 삼위일체의 성녀 엘리사벳에게 누군가 이렇게 물었다. "긴 기도 시간 동안 하느님과 무엇을 하시나요?" 성녀는 편안하고 솔직하게 대답했다. "하느님은 저를 사랑하시고, 저도 하느님을 사랑할 뿐입니다."

기도 안에 머무르며

베타니아 장면을 당신 생각대로 만들어 볼 수 있다.
예수님을 위해 당신의 마음이 안전하고 환대하는 공간이 되게 하라. 예수님이 들어오시면 인사를 나누고, 가장 좋은 의자에 모신 다음, 드실 것이나 마실 것을 드리고 그분 발치에 앉는다. 마르타와 같은 충동을 가라앉히고 그분과 함께 있도록 하라.
당신은 무슨 이야기를 나누는가? 어쩌면 힘든 상황에 대해 말씀드리고, 그 안에 숨겨진 좋은 것을 발견하도록 도와달라고 청할 수도 있다.
이제 그 장면이 펼쳐지게 해보라.

또 다른 유형의 사랑

작은 사랑

앞에서 '저희를 사랑 안에서 성장시켜 주소서'라는 교회의 기도에 초점을 맞추어 살펴보았다. 이것은 우리의 신성한 과제다. 이제 그 기도의 함축적인 의미를 보다 깊이 살펴보려고 한다. 1950년대 무렵 예수회 수련자였던 나는, 사랑 안에서의 성장이 순탄한 항해일 것이라고 생각했다. 내가 모든 것에서 완벽할 것 같았기 때문이다! 당시 동료 수련자 중 한 명이 나에게 시를 써주었는데, 이는 누군가 나를 위해 써준 유일한 시이기도 했다. 하지만 나는 그 시를 좋아하지 않았다! 시를 쓴 형제와 나는 모든 면에서 정반대였다. 나의 완벽주의적인 성향은 그 형제를 점점 힘들게 했다. 우리가 서로를 피곤하게 만든 직접적인 계기는 성모님께 대한 호칭기도에서 뽑아낸 5월 강론 주제를 그 형제가 분배해 줄 때였다. 그는 나에게 '신비로운 장미'라고 쓰인 쪽지를 건네주었다. 내가 아무도 그 주제를 가지고 10분 동안 얘기할 수 없을 거라고 말하자, 그는 '다윗의 탑' 혹은 '상아탑'을 대안으로 제시했다. 급기야 나는 폭발해 버렸고, 그도 나의 냉소적 태도에 버럭 화를 내었다. 그날 이후 내 책상 위에 한 편의 시가 놓여있었다. 나는 다음의 내용만을 기억하고 있다.

수사님, 아니 형제여, 당신은 어리지만 잔인하군요.
정의로울 수는 있어도 사랑이 없으니
모든 것에서 완벽하지만 다른 이들의 잘못에서
당신 자신의 잘못을 보지는 못하는군요.
나는 당신을 진정으로 사랑합니다.
하지만 기억해 주면 좋겠어요.
예수님 또한 약하셨고,
그분이 정의로운 자들을 부르려고
오신 것은 아니라는 사실을.

이 대목에서 나는 자기 연민의 눈물을 흘리고 말았다. 나는 온 마음과 영혼을 다해 하느님을 사랑하기로 마음먹고 여기에 왔다. 그런데 비록 부드러운 어투지만, 내게 전혀 사랑이 없다는 얘기를 들은 것이다. 반세기가 지난 지금, 과연 나는 하느님께서 바라시는 사랑하는 사람이 되어가고 있는 걸까? 나의 사랑은 얼마나 깊어지고 얼마나 넓어져야 할까?

어떤 유형의 사랑인가?

우리는 사랑이라는 험난한 길을 한 걸음씩 힘겹게 걸어간다. 우리는 어떤 단계에 이르면 "이것은 누군가 해낼 수 있는 최대한의 사랑이야. 이 이상 더 참아내도록 요구하는 것은 무리야"라거나 "나는 이 상황에서 벗어날 거야!"라고 말한다. 교회에서, 공동체에서, 결혼이나 우정에서, 본당 공동체나 직장에서 말이다. 그 상황에서 벗어나는 것이 옳은 일일 수도 있지만, 나를 떠나게 만든 사람들에게 먼저 마음의 문을 열기 위해 노력해 보았는가?

잠시 당신의 삶을 돌아보고, 사랑의 길을 얼마나 걸어왔는지 살펴보라. 당신이 다른 이들에게 보여준 모든 사랑에 대해 스스로를 칭찬해 주자. 당신을 화나게 하거나 당신에게 압박을 가한 사람들을 용서하려고 연민과 관대함, 너그러움을 갖추기 위해 얼마나 오랜 시간이 걸렸는지 살펴보라. 이 모든 수고로운 성장의 과정을 돌아보며, 아직 올라야 할 산이 있고 가야 할 길이 있다는 것을 잠들기 전에 명심하도록 하자.

우리의 마음이 넓어지는 것은 하느님의 관심사다. 언뜻 그것은 좋은 생각처럼 보인다. 하지만 당신이 하느님과 대화하면서 "얼마나 넓어져야 할까요?"라고 묻는다면, 그분은 이렇게 말씀하실 것이다. "내가 생각하는 것은 너의 마음을 내 마음처럼 만드는 것이란다." 우리는 하느님을 위해 창조되었고, 하느님은 단지 사랑의 마음을 가진 분이 아니라 사랑, 빛나는 사랑 그 자체이시다. 그 사랑과 섞일 수 있는 것은 아무것도 없다. 어떠한 분노나 원한, 부정, 경멸도 섞이지 못한다. 하느님은 결코 우리를 낮추어 보시거나 굴복시키지 않으신다. 이것을 이해하려면 이미지가 필요하다. 정적이고 멀리 계시는 하느님, 우리의 모습과 닮은 하느님, 우리가 잘못했을 때 등을 돌릴 수 있는 하느님에 대한 관념을 영원히 지워버릴 이미지 말이다. 하느님은 위대한 사랑과 엄격한 정의가 섞여있는 존재가 아니시다. 하느님은 어떤 것들을 합쳐놓은 분이 아니시다. 하느님은 언제나 사랑하시는 분이다. 예수님은 아버지 하느님께서 어떤 분이신지 군중들이 이해하도록 '태양'의 이미지를 즐겨 사용하셨다.(마태 5,45 참조)

태양은 밝은 빛이자 에너지다. 끊임없이, 속절없이, 이타적으로 자신을 내어준다. 하느님은 그런 분이시다. 그분은 무한하시고, 활동적이시며, 세상에 자신을 내어주시는 사랑이다. 성 바오로가 하느님은 "모든 것 안에서 모든 것"(1코린 15,28)이 되실 것이라고 말했을 때, 그것은 하느님의 사랑이 마침내 모든 것에 스며들어, 우주가 무한한 기쁨 안에서 오직 사랑만을 드러낼 것이라는 의미다.(에페 1,10 참조) 우리는 그러한 사랑으로 성장하게 된다. 우리를 사랑 안에서 성장시켜 달라고 하느님께 청하는 것은, 우리가 상상하는 것보다 더 깊은 차원의 변화를 외치는 것이다.

또 다른 유형의 사랑

우리가 지금 말하는 이 '사랑'은 흔히 이해하는 것과는 꽤 다른 유형의 사랑이다. 그리스도교적 관점에서, 우리가 사랑하는 방식은 우리가 아닌 하느님이 결정하신다. 우리는 하느님의 형상으로 만들어지고 있기 때문에, 그 방식은 하느님의 것이 아닌 다른 것일 수 없다. 하느님은 사랑이시다. 하느님의 이미지는 사랑과 추함이 혼합된 것이 아니라, 오직 사랑만이 되어야 한다. 우리 안에서 이러한 사랑이 이루어지도록 이끄시는 것은 하느님께 큰 도전이며, 그 일이 일어나도록 용인하는 것은 우리에게 큰 도전이다.

친구 중 한 명은 정원을 단장하기 위해 전문 업체와 계약을 했다. 일주일 뒤, 그녀는 부엌 창문을 통해 밖을 내다보다가 깜짝 놀랐다. 오랜 친구였던 관목이 너무나 많이 제거되었고, 잔디는 삐뚤빼뚤한 상태였던 것이다. 도대체 이 작업이 어떤 결말을 낳을 것인가? 하지만 결론적으로 보자면 비용을 들인 가치가 있었고 이제는 꿈의 정원이 되었다. 하느님은 우리 안에서 사랑이 아닌 것을 제거해 주시는 정원사와도 같다. 마침내 우리가 죽음을 맞이하게 되면 아무것도 남지 않게 될 것이다. 오직 경계 없는 사랑의 공간, 곧 하느님이 머무르시고, 우리가 사랑의 신성한 본질을 자유롭게 발산할 수 있는 그곳만 남을 뿐이다.

하느님의 사랑은 특별하다

우리는 일생에 거쳐 하느님을 닮아가야 한다. 이는 창조적 능력, 지성, 혹은 뛰어난 상상력, 위대한 업적을 통해서가 아니라, 바로 마음의 확장을 통해 이루어진다. 마음의 탈바꿈이 핵심인 것이다.

사적인 사랑의 웅덩이가
광활한 대륙조차 한갓 섬으로 만들어 버릴 수 있으니
흘러서 세상을 포용하는 바다가 될지어다.

코벤트리 팻모어Coventry Patmore는 이 시에서 개인적인 관심사에만 집중하지 말고, 우리의 마음이 모든 사람과 모든 것을 품을 만큼 확장되어야 한다고 말한다. 왜 그런가? 바로 그것이 하느님께서 세상을 포용하시는 특별한 사랑의 방식이기 때문이다.

신약성경에서 '아가페'는 인간에 대한 신적인 사랑을 의미하는 특별한 그리스말이다. 이 사랑은 어떤 응답도 요구하지 않으며, 오직 당신과 나에게만 집중되어 있다. 그것은 우리를 향한 신성한 자기 증여다. 이 특별한 사랑에는 어떠한 조건이나 한계가 없다. 아무리 나쁜 사람일지라도 하느님은 당신의 사랑을 거두지 않으신다. 아가페 말고 하느님께서 하실 수 있는 다른 사랑의 방법은 아무것도 없다. 누군가 우리에게 상처를 준다면, 더 이상의 아픔과 고통으로부터 우리 자신을 보호하기 위해 그에 대한 사랑을 거두는 것을 선택하기도 한다. 그러나 하느님은 그렇게 하실 수 없다. 그분은 우리를 사랑하시는 것 외에는 아무것도 하시지 못한다. 예수님은 성부를 태양과 비에 비유하셨다. 하느님 아버지께서는 "악인에게나 선인에게나 당신의 해가 떠오르게 하시고, 의로운 이에게나 불의한 이에게나 비를 내려주신다."(마태 5,45) 태양과 비는 차별을 하지 않고, 주위에 있는 누구에게나 햇빛과 비를 내린다. 나의 사랑에도 차별이 있어서는 안 된다. 이는 매우 어려운 일이지만, 나 또한 하느님의 사랑을 받는 존재임을 아는 것은 끊임없는 위로가 된다. 내가 그 무엇을 한다고 해서, 하느님이 나를 덜 사랑하시지는 않는다. 하느님은 나뿐만 아니라 다른 모든 사람에게도 온전히 사랑이시다. 그래서 나의 방패막이가 되어주는 이 사랑은 또한 나누기 위한 것이다. 나의 임무는 이 넘치도록 주신 사랑을 다른 이에게도 비추는 것이다. 아무리 배은망덕한 사람이더라도, 그들에게서 이 사랑을 거두어들이지 않도록 하라. 그 사랑이 나에게 생명이듯 다른 사람들에게도 생명이다.

요약하자면, 이 아가페는 아무도 판단하지 않은 채 조건 없이 넘쳐흐르는 사랑이다. 이 사랑은 선과 악 상관없이 나뿐만 아니라 모든 사람을 포용하며, 온 우주를 빛으로 감싸안는다. 순수하고 투명하며 깨끗하다. 인간의 잘못에도 영향을 받지 않으며, 본성상 용서하는 사랑이다. 결코 실패하지 않으며 스러지지 않는다.(1코린 13,8 참조) 그것은 진정 '또 다른 유형의 사랑'이며, 우리의 사랑에 궁극적인 기준이 되어준다.

기도 안에 머무르며

사마리아 여인이 우물가에서 예수님과 이야기를 나누던 모습처럼(요한 4장 참조), 나도 예수님 곁에 편안하게 앉아있다. 그러다 어느 순간, 나는 부끄럽지만 예수님께 이렇게 물어본다. "제가 사랑 안에서 조금씩 당신을 닮아가고 있나요?" 예수님은 미소를 지으시며 이렇게 말씀하신다. "그럼, 그렇고말고. 아주 멋지게 성장하고 있단다!" 내가 얼마나 사랑 안에서 성장했는지 그분의 말씀을 듣는다. 예수님의 칭찬에 내 마음은 녹아내리고, 나는 더욱더 성장하기를 갈망한다.

예수님은 이어서 말씀하신다. "네가 놓친 은총과, 작은 사랑으로 그쳐버린 상황에 대해 이야기해 주어도 될까?" 내가 작은 목소리로 '네'라고 대답하자, 그분은 어떻게 하면 내가 더 너그럽고, 심지어 아낌없는 사랑을 베풀 수 있는지 전반적으로 알려주신다. 또한 이런 유형의 사랑이 수동적이거나 나약하지 않다고 설명해 주신다.

예수님은 당신의 삶을 가리키며 말씀하신다. "내가 희생의 대가를 치른 데서 알 수 있듯이 이 사랑은 도전적이란다! 당차게 요구하고 불의에 맞서 싸우면서도 가혹하거나 조건을 두지 않는단다. 모든 사람을 대할 때는 항상 깊은 존중을 바탕에 두어야 한단다. 네가 사람들을 무조건적으로 사랑하게 된다면, 너는 그들에게 어떠한 도전적인 말, 솔직한 지적이나 조언, 불편한 진실까지도 말해줄 수 있을 거란다. 이때 그들은 너의 사랑이 의견 차이로 생긴 갈등이나 긴장감을 덜어줄 것이라고 믿기 때문에, 오히려 방어적으로 굴지 않고 마음을 열 수 있게 되는 거란다."

당신의 사랑을 보여주세요

볼 수 있는 눈

우리가 꼬마 아이들과 함께 있을 때 알게 되는 것은, 인간은 모방을 통해 배운다는 사실이다. 우리도 어렸을 때 부모님이 하시는 모든 말씀, 모든 동작을 지켜보며 그분들을 따라 하고는 했다. 부모님이 미소 지을 때 우리도 미소 짓고, 십자성호를 그으면 우리도 똑같이 따라 하는 식으로 말이다. 그때 우리는 많은 것을 배웠고, 이 경험은 평생 동안 우리에게 큰 도움이 되었다. 우리는 은퇴를 맞이하지만 여전히 배워야 할 것들이 있다. '평생교육'은 끝이 없다. 이제 시간이 더 생겼으니, 과연 우리가 어릴 적에 부모님을 보면서 아동기를 보냈던 것과 같이 하나님을 바라볼 수 있을까? 조라 닐 허스턴 Z.N. Hurston의 대표작 「그들의 눈은 신을 보고 있었다」는 억압받는 한 흑인 여성의 파란만장한 사랑의 여정을 그린 소설이다. 우리는 이 책의 제목을 자신의 것으로 삼고, 우리가 바라보는 하나님을 모방할 수 있을까? 이것이야말로 성숙한 참그리스도인의 모습이다.

그런데 하나님께서 우리를 사랑하시는 것이 사실이라면, 우리는 이 사랑을 어떻게 경험해 왔는가? 이전에 어떤 여성이 "저는 하나님께서 저를 온전히 사랑하시는 것을 경험한 적이 없습니다. 그런 강렬한 사랑에 취해본 적이 전혀 없어요. 만약 하나님이 제가 사랑 안에서 성장하기를 원하신다면, 저에게 그분의 사랑을 먼저 보여주셔야 한다고 생각해요. 제가 '저를 사랑 안에서 성장시켜 주세요'라고 기도하기 전에, 하나님께서 먼저 저를 사랑하셔야 하는 게 공정한 것 아닌가요?" 라고 나에게 말한 적이 있었다.

이것은 정말로 공정한 도전이다. 나는 종종 비참한 삶을 경험하고 있는 사람들과 함께 있을 때, 왜 하나님께서 무한한 사랑의 작은 빛이라도 그들에게 비추어 주시지 않는지 궁금할 따름이다. 우리의 순례 여정에 조금이라도 안도감을 주기 위해서 하느님의 사랑을 감추고 있는 구름이 좀 더 자주 걷히면 안 되는 것일까? 나는 하느님과 얼굴을 마주하게 되면 여쭤보려고 이 질문들을 간직하고 있다. 하지만 그렇게 될 때까지, 그분의 감추어진 사랑을 알려주는 단서들은 아마도 우리 삶 곳곳에 흩어져 있을 것이라는 생각이 들었다.

숨어계신 하느님

우리를 빚으시고 살아가게 하시는 하느님께서는, 우리에게 가장 좋은 것이 무엇인지 알고 계신다는 점을 먼저 언급하고 싶다. 풋풋하고 수줍은 연인들의 사랑과 결혼 생활의 정점에 이른 부부의 사랑 사이에는 엄청난 차이가 존재한다. 어쩌면 우리는 하느님께서 우리에게 사랑을 구하시는 단계에 놓여있는지도 모른다. 하느님은 우리를 온전히 사랑하시지만, 우리는 그분의 사랑을 한꺼번에 경험하지 못하고 조금씩 받아들인다. 우리의 삶은 시간 속에 펼쳐지고, 우리의 성장은 서서히 이루어진다. 하느님은 이렇게 느리고 예측 불가능한 성장 과정에 맞춰 우리에게 사랑을 베풀어 주신다. 우리는 아직 그분의 사랑을 받을 준비가 되어있지 않다. 그분의 사랑이 너무나 크기 때문이다. 우리는 온 존재를 휘감는 압도적인 하느님의 사랑을 받아들이기에는 아직 충분히 비워지지 않았다. 지금 그런 체험을 한다면 아마 우리는 수용하기 어려울 것이다. 중요한 것은 마침내 주님과 마주했을 때, 과연 우리가 그분의 사랑을 받아들일 준비가 되어있느냐는 점이다.

하느님과의 놀라운 만남

하느님은 당신의 신성함을 드러내고 계시는데, 정작 우리는 이것을 깨닫고 있는가? 신학자 발타사르는 하느님께서 선택된 민족(이스라엘 백성)을 교육하실 때 사용하신 몇 가지 감춰진 모습을 말해준다. 시나이산에서는 번개, 천둥, 지진, 격렬한 불, 앞이 안 보이는 구름 등 놀라운 현상들이 나타났다. 이스라엘 백성들은 자신들을 완전히 초월해 있는 어떤 존재 앞에 그들이 서있다는 것을 알아차렸다. 그들은 당연히 충격을 받았고, 그 뒤로 그 사건은 그들의 기억 속에 각인되었다. 한편, 동굴에 있던 엘리야는 거센 바람과 지진과 불을 감내하였다. 그는 이것들이 하느님의 현현에 앞서 온다는 것을 알았을 것이다. 그래서 엘리야는 '완전한 침묵의 소리'에 민감하게 반응하였고, 하느님을 만나 대화를 나누었다.(1열왕 19,12 참조)

신약성경에서 하느님은 더 미묘하게 숨어계신다. 예수님은 당신 주변의 모든 사람들처럼 평범한 사람으로 등장하신다. 그러나 열린 마음을 지닌 사람들만이 볼 수 있는 놀라운 표징들을 드러내신다. 베드로는 물고기가 엄청나게 많이 잡힌 사건 속에서 하느님의 현존을 깨달았다. 그는 너무 놀라 예수님 앞에 무릎을 꿇고 "주님 저에게서 떠나주십시오. 저는 죄 많은 사람입니다"(루카 5,8)라고 말하였다. 또한 거룩한 변모 사건은 제자들이 하느님 앞에 있음을 확신하게 해주었지만, 정작 수난이 시작되자 예수님의 신성神性은 감추어졌다. 채찍질과 매질을 당한 이 사람이 하느님일 수는 없지 않은가? 만약 십자가의 고통으로 이중의 고난을 당한 이 사람이 진실로 거룩한 분이시라면, 당신 자신을 구원하시지 않을까? 믿음을 가졌던 소수의 사람들에게 놀라운 것은, 하느님이 진정 여기 계시지만 자신들이 기대했던 방식으로 드러나지 않으실 것이라는 점이다. 인류를 위한 하느님의 크나큰 사랑이 수난 속에 감춰져 있다는 사실을 제자들이 이해하게 되기까지는 꽤

긴 시간이 걸렸다. 우리는 하느님께서 수난, 고통, 죽음보다는 끊임없는 기적과 엄청난 숫자의 개종자들을 통해 우리의 신앙을 강화시켜 주시기를 바라고는 한다. 그러나 하느님의 현존은 바로 수난, 고통, 죽음을 통해서다.

우리가 이웃들, 특히 세상의 가난한 이들, 멸시받는 이들, 소외된 이들을 예수님과 동일시하게 될 때, 그 신비는 깊어진다. 최초의 그리스도교 공동체를 박해했던 사울은 "나는 네가 박해하는 예수다"(사도 9,5)라는, 그의 삶을 송두리째 바꾼 음성을 듣게 된다. 그것은 마치 예수님께서 '나는 세상의 가련한 사람들 속에, 여기 너희 가운데 있다'고 말씀하시는 것과 같다. 그리고 그분과 함께 우리는 성사에 참여한다. 하느님께서는 바로 그 성사 안에서 빵과 포도주, 물과 기름, 말씀과 몸짓 등 일상적인 단순한 모습 가운데 우리와 마주하신다.

우리는 숨어계신 하느님을 계속 탐구할 수도 있지만, 사실 당신은 이미 알고 있다. 하느님은 놀라울 정도로 가까이 계시며, 감추시는 가운데 무수히 자신의 사랑을 드러내신다는 것을 말이다. 우리는 단지 눈을 뜨고 바라보기만 하면 된다. 그러나 숨어계신 하느님을 마주칠 때의 놀라움에 마음을 열 준비가 되어있어야 한다. 길을 가던 모세가 불이 붙었지만 타지 않는 떨기나무를 발견했던 것처럼 말이다.(탈출 3,2-3 참조) 발타사르의 친구이자 신비가인 아드리엔 폰 슈파이어(독일의 신학자이자 영성가)는, 타락하기 전에는 모든 것이 아담과 하와에게 새롭고 예측하기 어려운 것이었지만, 타락한 이후에는 모든 상황이 진부하고 평범해졌다는 상상을 우리에게 나눈다. 그녀는 우리에게 일어나는 모든 일에 대해 본래의 경이로움을 느끼는 능력을 되찾아야 한다고 말한다.

대체로 우리는 바쁜 일상 속에서 많은 멋진 것들을 놓치고 살아간다. 하지만 우리가 삶의 속도를 조금 천천히 늦춘다면 뒤를 돌아볼 시간, 좋은 것을 보며 조용히 마음에 담는 시간을 가질 수 있다. 부모님, 형제자매, 친구, 선생님, 배우자, 도우미, 간호사 등 다른 사람들의 모습으로 다가오시는 하느님에 대한 이야기를 표현해 보라. 하느님은 우리 삶의 풍경 곳곳에 흩어져 있는 모든 좋은 사람들, 곧 우리를 위해 존재했고 여전히 존재하고 있는 사람들 안에 계신다. 그리고 우리가 잘되기를 바라는 사람들, 우리를 조금 더 편안하게, 조금 덜 외롭게 만들어 주려고 애쓰는 사람들, 우리를 돌보느라 지친 사람들 안에 계신다. 그런 사람들은 무의식중에 우리의 필요에 알맞은 방식으로 하느님의 사랑을 드러낸다. 우리가 보다 예리하게 볼 수 있다면, 그들의 존재가 바로 하느님의 현존임을 알 수 있다.

어렸을 때 우리는, 부모님이 우리를 사랑하시고, 우리의 욕구를 채워주시며, 우리의 행복과 안녕을 책임지셔야 한다는 것을 당연하게 여겼다. 대체로 부모님은 그렇게 해주셨다. 그러한 사랑은 너무나 실천적이고 현실적이어서, 우리는 그 안에 담긴 신비를 깨닫지 못했다. 그러나 인생의 황혼기에 있는 지금 이렇게 질문할 수 있다. "왜 우리가 이토록 사랑받은 걸까? 그 사랑은 어디서 왔을까? 인간의 마음이 그러한 사랑을 만들어 낼 수 있는 것일까, 아니면 그 사랑은 신성한 곳에서 온 것일까?" 성찬 전례의 감사기도는 '하느님으로부터 모든 선한 것이 나온다'는 말로써 진정한 사랑의 기원을 명확하게 보여준다. 이는 내 주변에, 그리고 내 안에 있는 선함은 무엇이든지 하느님께로부터 온다는 것을 뜻하는 거대한 확언이다. 자연은 나에게 풍요로움을 베풀어 주고, 많은 사람들이 나를 위해 봉사하고 내가 잘되기를 바란다. 그리고 의료 시스템, 정부, 상점, 학교, 교통, 은행, 오락 시설 등 나를 돕기 위한 온갖 지원체계들이 마련되어 있다. 이 모든 것은 하느님께서 사랑으로 나에게 자신을 드러내시는 방법이다. 내가 다른 이들의 사랑과 선함을 보기 시작한다면, 그리고 나의 주변 세상 안에서 하느님의 사랑과 선하심을 보기 시작한다면, 나는 작은 신비가가 될 수 있다.

굳게 결속된 사랑

진정한 사랑에는 여러 차원이 있다. 영혼을 뒤흔드는 사랑의 경험, 곧 황홀경이라 부르는 이 사랑은 자기중심적인 생각에서 벗어나, 자신의 한계를 넘어 더 크고 숭고한 무언가로 향하게 한다. 부모는 갓 태어난 아기에 대한 '황홀한 사랑'으로 굉장히 들떠있을 수 있다. 그러나 부모의 사랑에는 또 다른 면이 있다. 아기가 울 때마다 부모가 몇 주, 몇 개월 혹은 몇 년간, 심지어 한밤중에도 일어나 아기를 돌보는 모습에서 그 사랑이 드러난다. 이것이 바로 '굳게 결속된 사랑'이다. 부모는 전적으로 아기를 위해 존재하지만, 잠 못 이루는 밤들을 견디어 내면서 아무런 감정조차 느끼지 못하는 상태가 될 수도 있다. 당신은 부모로서 혹은 돌보는 이로서 그러한 사랑을 베풀었겠지만, 그 기쁨은 거의 경험하지 못했을 수 있다.

십자가 위에서 우리를 위한 예수님의 사랑은 황홀한 사랑이 아니라 인내하는 사랑, 문자적인 의미로 '견디는' 사랑이다. 아마도 거기엔 어떤 감정도 남아있지 않았을 것이다.

지금 당신의 몸과 마음이 모두 약해지고 있다면, 하느님과 함께 '견디는' 것이 전혀 사랑처럼 느껴지지 않을 것이다. 당신이 처한 상황과 당신의 약함이 끔찍하게 여겨지고, 기도는 무미건조할 따름이다. 그러나 당신은 여전히 '하느님을 위해' 있고, 그것으로 충분하다. 그분이 우리에게 마음을 두시는 것처럼, 우리도 느낌과 감정 혹은 언어를 뛰어넘어 하느님께 마음을 둘 수 있다. 신학자 칼 라너Karl Rahner는 이를 '겨울 영성wintry spirituality'이라고 부른다. 우리가 최악의 상태에 있거나 차라리 모르는 게 나은 상태에 있을 때, 아마도 우리에 대한 하느님의 사랑은 이 겨울의 특성을 가지고 있을지도 모른다.

나에게 미소 지으시는 하느님

프랑스의 어떤 신비가는 하느님과의 관계를 다음과 같은 짧은 문장으로 요약했다. '당신은 나를 바라보시고 미소를 지으셨습니다.' '미소'라고 단순하게 썼지만, 이는 '그분께서 전적으로 나를 위해 존재합니다!'라고 말하는 것이다. 누군가 나에게 "나는 당신을 사랑합니다!"라고 적힌 지극히 평범한 연하장을 보낸 적이 있는데, 이 말만으로 충분했다. 만약 거룩하신 삼위께서 카드를 보내신다면, 바로 이 표현이 주된 메시지일 것이다. 우리는 하느님께 사랑받는다는 사실에 기뻐하고 감사드리며 춤추게 된다. 그리고 인생의 고요한 단계에 접어든 지금, 간절한 마음으로 그 사랑을 받아들이게 된다. 오직 이 출발점에서부터, 곧 우리가 얼마나 충분히 사랑받았는가에 대한 생생한 깨달음으로부터, 우리는 사랑받은 만큼 사랑하라는 도전에도 적절하게 응답할 수 있다.

하느님의 선하심을 묵상하기

유다인들은 자신들의 참혹한 역사 속에서도, 하느님께서 자신들을 사랑하신다는 것을 확신하였다. 그들은 자신들의 정치적인 성공을 하느님 덕분이라고 여겼다. 우리는 여기서 배울 것이 있다. 정치, 사회, 경제적 구조 안에서 발견하는 선한 것은 하느님께로부터 온다는 사실이다. 엄청나게 박해받던 초기 그리스도인들은 예수님의 죽음과 부활 안에서 그들에게 드러난 큰 사랑 때문에 이루 말할 수 없는 영광스러운 기쁨 속에서 즐거워하는 것으로 묘사된다.(1베드 1,8 참조) 그들의 삶은 종종 어렵고 끔찍했다. 순교자들의 시대였기 때문이다. 하느님의 친절한 의도 곧 창조, 섭리, 큰 대가를 치른 구원, 영원한 기쁨을 향한 하느님의 초대는 당신에 대한 하느님 사랑의 확고한 기둥들이다.

하느님께서 여러분을 돌보시는 특별하면서도 숨겨진 모든 방법들을 떠올려 보라. 그리고 당신 자신이 얼마나 많은 사랑을 받았는지 깊이 깨달아라. 생애의 마지막 시기는 우리가 복된 삶의 역사를 깊이 생각할 수 있는 소중한 시간을 마련해 준다. 바로 마리아가 그렇게 했다. 루카는 마리아가 이 모든 일을 마음속에 담아두었다고 말한다!(루카 2,19.51 참조) 이 미묘하고 아름다운 표현 속에서, 우리는 아이와 관련된 것은 단 하나도 잊지 않으려는 한 어머니의 감정 속으로 초대받는다. 아이가 행동하고 고통받는 모든 것, 아이와 관련된 모든 것은 어머니의 마음속에 소중히 간직된다. 어머니는 자신의 아이에 대해 생각하면서, 아이의 미래에 관해 암시되는 것을 얻으려 애쓴다. 마리아는 이 모든 일을 곰곰이 생각하였다. '곰곰이 생각하다'라는 단어는 '무게'를 뜻하는 라틴어에서 유래하였다. 마리아는 '심사숙고했던' 것이다. 오천 명을 먹이신 후에 모아들인 빵 부스러기처럼, 마리아는 이 모든 일을 마음에 간직하고 맛보고 곰곰이 되새기면서, 각각의 것에 감춰져 있는 풍요로움을 끌어내었다. 우리가 죽음을 맞이하기 전에, 지나온 삶의 모든 순간 속에서 하느님을 발견하기 위하여 우리도 그와 같이 할 수 있도록 마리아께 도움을 청할 수 있다.

기도 안에 머무르며

당신은 하느님께서 자신에게 충분한 사랑을 드러내시지 않았다고 느낄 수 있다. 당신의 맞은편에 앉아계신 예수님을 바라보며, 시에나의 가타리나 성녀가 했던 것처럼 기도해 보자. 성녀는 예수님께서 자신에게 당신의 존재를 드러내 주시도록 청하였다. 그러면서 이것이 그분께서 "'나를 사랑하는 사람은 내 아버지께 사랑을 받을 것이다. 그리고 나도 그를 사랑하고 그에게 나 자신을 드러내 보일 것이다'(요한 14,21)라고 말씀하셨을 때 약속하신 것"이라고 강조했다.

예수님은 성녀와 똑같은 당신의 요청에 이렇게 응답하신다. "나도 기쁜 마음으로 그렇게 하고 싶구나. 그런데 내가 이미 너의 삶 속에서 나 자신과 나의 사랑을 어떻게 드러냈는지 살펴보자꾸나. 어디서부터 시작해 볼까? 놀라운 신비로 가득한 자연과 우주를 생각해 보렴. 이들의 세세한 모습들은 너에 대한 나의 사랑을 다른 방식으로 드러내는 것이란다. 또 너의 삶을 풍요롭게 해주었던 사람들을 떠올려 보렴. 내가 그들 안에 있었고, 내가 너를 사랑하기에 그들을 너에게 보낸 거란다."

예수님은 잠시 멈추신 뒤, 계속 이야기하고 싶은지 물어보신다. 당신이 고개를 끄덕이자, 그분은 다시 말씀하신다. "나는 인간이 되어 너에게 나 자신을 완전히 드러내었다. 마치 한 사람이 다른 사람에게 자기 존재를 온전히 드러내듯이 말이다. 복음은 나의 이야기를 말해주고 있으며, 그것은 사랑 이야기란다. 나의 사랑을 날마다 들려주고 싶어서 성찬 전례를 만들기도 했단다. 나는 너를 위해 내 몸을 바쳤고, 너를 위해 내 피를 흘렸단다. 나는 너를 사랑하고, 너를 위해 나 자신을 내어준단다."

그분은 당신을 바라보시고 미소를 지으며 이렇게 말씀하신다.

"자, 이제 말해보렴. 나의 사랑이 충분히 너의 마음에 전해졌는지 모르겠구나."

기도는 내 안에서
이미 시작되었다

내 마음은 성전

우리가 기도를 의식하기 오래전부터, 우리 안에서 기도가 이미 시작되었음을 관상을 통해 알게 된 것은 참으로 고무적인 일이다. 하느님께서 내 안에 거하시는 곳이 기도의 장소이기도 하다. 나는 하느님의 성전이다.(1코린 3,16 참조) 삼위일체 하느님께서 그곳에 계시고, 서로 그리고 나 자신과도 사랑의 관계를 형성하신다. 내가 걸림돌을 만들지 않는 한, 나와 삼위의 관계는 끊임없이 깊어지고 있다. 이것이 바로 기도에 대한 모든 것이다. 기도를 드릴 때, 성령께서는 내 안에서 기도하기를 멈추지 않으시고 '말로 다 할 수 없이 탄식하시며 간구해 주신다.'(로마 8,26 참조) 성령께서는 내 마음의 성전 안에서 나를 위해 성부와 성자께 이야기하고 계신다. 그것에 대해 잘 알지 못한다 해도, 그 기도는 내 마음의 보물이다. 내 삶이 시작되면서, 기도 곧 삼위의 대화는 이미 시작되었다. 거룩한 삼위는 내가 뭔가를 하기 전부터 이미 존재하였고, '기도를 잘하려는' 어떤 기술이나 노력보다도 더 깊숙이 자리 잡고 있다. 부모는 갓 태어난 아기에 대해 이야기를 나누지만, 삼위께서는 내가 세례도 받기 전부터 나에 대해 이야기를 나누셨다. 기도는 마치 호흡처럼, 내 생각과는 상관없이 존재한다. 수도승들이 말하듯 기도는 계속 이어질 뿐이다.

'은총의 상태에서 산다는 것'은 하느님과 친구가 되기를 바라는 한, 아주 깊은 수준의 기도 상태에서 사는 것을 의미한다. 나는 기도에 대해 배움으로써 하느님과의 관계 안에서 성장한다. 그리고 누군가와 사랑에 빠졌다는 것을 발견한다! 그 누군가는 항상 나의 삶에 존재했지만, 나는 그 사실과 은혜로운 하느님의 계획을 너무나 느리게 깨달았다. 기도는 하느님께 사랑받는 존재(1,7 참조)라는 신비스러운 현실에 눈뜨게 해준다. 거룩하신 삼위는 이미 내 마음 깊은 곳에 자리하고 계신다. 기도 안에서 성장하는 것은 성삼위의 대화 곧 거룩한 삼위의 기도에 참여할 때 생겨난다. 나는 성삼위 하느님을 조금씩 알게 되고, 점점 더 알게 되기를 갈망한다.

그분들은 나를 사랑하신다

만약 당신의 부모님이 좋은 분들이라면, 부모님께서 당신을 사랑하시고 당신이 태어나기 훨씬 전부터 사랑하셨다는 것을 언제 처음으로 깨달았는지 기억할 수 있는가? 그분들이 항상 원하셨던 것은 지금 그대로의 당신인가? 그분들은 당신을 위해 오랜 세월 동안 끝없이 자신을 내어주셨지만, 늘 기쁜 마음으로 그렇게 하셨는가? 그분들에게 당신의 마음과 삶의 자리를 내어드리는 것은 바람직하고 좋은 일인가? 아니면 친구를 생각해 보자. 당신이 사랑받고 있으며 그것도 아주 오랫동안 사랑받았다는 것을 알게 된 날을 기억할 수 있는가? 기도는 당신이 하느님께 무한히 사랑받고 있다는 사실을 알게 되었을 때 성장하며, 이것은 자연스럽게 사랑의 응답으로 이끌어 준다. 그렇다면 하느님은 왜 나를 사랑하시는가? 이것은 또 다른 질문이다! 하느님이 나를 사랑하시는 것은 하느님이 사랑 그 자체이시기 때문이고, 나는 그 사실에 감사할 뿐이다.

부모님의 사랑은 좋을 때나 나쁠 때나, 아이가 알든 모르든 항상 그 자리에 있다. 사랑하는 이의 마음속에 있는 사랑도 상대방이 알아차릴 때까지 인내심을 갖고 기다리며 그저 그 자리에 머물러 있을 뿐이다. 우리의 마음을 사랑이라는 거룩한 음악에 맞추어 점점 더 조율해 가는 것은 축복이다. 이것은 우리 안에서 하느님이 하시는 일이다. 우리를 더욱 깊은 사랑으로 성장하게 하시는 것은 하느님의 일이며 동시에 하느님의 기쁨이다.

호흡과 기도

부모님과 하느님의 사랑처럼, 우리의 숨도 생애 첫 순간부터 마지막 순간까지 항상 그 자리에 있다. 마음의 기도와 몸의 호흡은 공통점을 지닌다. 곧 우리가 그것을 의식하지 못할 때에도 꾸준히 계속된다는 것이다. 처음 숨을 내쉬었을 때부터, 호흡은 우리 안에서 계속 있었다. 그러나 그 이전에도, 젊은 예언자 예레미야가 말했듯이(예레 1,5 참조) 성삼위의 대화는 '우리가 태어나기 전에' 계속 있었다. 몸과 영의 완전한 일치 안에서 우리는 항상 기도를 위한 거룩한 장소로 존재해 왔다.

호흡과 기도 사이의 관계를 더 자세히 보도록 하자. 호흡은 거룩한 행위로 볼 수 있으며, 당신이 이를 알게 되면 나이가 들어 집중하기 어렵고 마음을 쏟기 힘들어 기도하기 어려울 때 도움을 받을 수 있다.

침묵 속에 잠기기

당신이 가장 좋아하는, 당신만의 성스러운 공간에 앉아보라. 거기에는 어쩌면 작은 성상이나 이콘, 초가 놓여있을 수도 있겠다. 만약 침대에 누워있어야 한다면 자신의 침대를 거룩한 공간으로 생각해 보라. 이제 자신의 형에게서 도망치던 야곱의 이야기를 떠올려 보자. 그는 지쳐 쓰러져 돌을 베개 삼아 잠이 들었는데, 꿈속에서 천사들이 오르락내리락하는 사다리를 보았다. 그때 하느님이 그에게 나타나 위로와 약속의 말씀을 들려주셨다. 잠에서 깨어나 야곱은 "진정 주님께서 이곳에 계시는데도 나는 그것을 모르고 있었구나"(창세 28,16)라고 말하였다. 하느님은 당신이 쉬는 곳에도 찾아오신다. 그분은 당신이 어디에 있는지 알고 계시고, 심지어 생각지도 못한 시간에도 찾아오기를 좋아하신다!

고요 속에 잠겨보라. 주위의 소리에 귀를 기울여 보라. 이 경청이 더욱 깊어지게 하라. 고요해야만 소리를 들을 수 있다. 만약 당신이 말을 하고 있다면, 소리를 알아채기 어렵다. 빠르게 돌아가고 떠들썩한 세상 속에서 고요한 지점이 돼라. 당신이 고요할수록 더 많은 소리를 듣게 된다. 주님은 매우 조용하게 오신다. 인도의 시인 라빈드라나트 타고르Rabīndranāth Tagore는 '당신은 그분이 조용히 걸어오시는 소리를 듣지 못했습니까? 그분이 오십니다. 정말로 오십니다'라고 썼다. 한편 성모님은 '침묵에 싸인 여인'으로 묘사된다. 성모님은 마음 깊은 곳에서 하느님이 속삭이시는 소리를 들었다. 성모님께 머물러 주시기를 청하라. 당신이 더 고요해지도록 도와주실 것이다.

이제 당신의 호흡을 느껴보라. 부드럽게 숨을 들이마시고 내쉬어라. 당신이 창조되었을 때를 상상해 보라. 하느님께서 생명이 없는 진흙 덩어리에 숨을 불어넣으시니 당신은 생명체가 되었다.(창세 2,7 참조) 하느님의 숨결 하나하나는 특별하며 생명을 준다. 하느님의 숨결은 생명의 숨결이 되어주시기에, 당신의 숨결은 당신의 것이기도 하지만 하느님의 것이기도 하다. 언젠가 숨은 당신의 몸을 떠날 것이다. 생명은 소중하다. 살아있음에 하느님께 조용히 감사의 기도를 올려보라. 단순히 숨 쉬는 것만으로도 당신에 대한 하느님의 소망을 이루는 것이다.

야훼

이제 프란치스코회 수사이자 작가인 리차드 로어Richard Rohr에게서 얻은 한 가지 아이디어를 발전시켜 보겠다. 야훼YAHWEH라는 단어를 생각해 보라. 히브리인들에게 이것은 가장 거룩한 말로서, 모세가 '당신 이름을 물을 때 무엇이라고 대답해야 하느냐'고 하자, 하느님께서 알려주신 이름이다.(탈출 3,13-15 참조) 이 단어는 풍성한 의미를 갖고 있다. 모든 이름 위에 계시는 하느님은 굳건히 현존하시며 우리 옆에 가까이 계신다. 야훼는 온유함과 자비로 가득한 하느님이시고, 우리 편에 서서 우리를 위해 싸우신다. 예수님은 부모님에게서 야훼라는 단어를 배웠을 것이고, 경외와 존경으로 그 이름을 불렀을 것이다.

야훼는 희망과 위로가 가득한 아름다운 단어다. 더욱 놀라운 건 그 이름이 우리 호흡의 리듬과 신비하게도 잘 맞아떨어진다는 것이다. 야흐-웨Yah-Weh라는 단어의 소리에 주목해 보라. 잠시 크게 숨을 쉬면서 귀 기울여 들어보면, 숨을 들이쉴 때는 '야흐' 소리가, 숨을 내쉴 때는 '웨' 소리가 나는 것을 알게 될 것이다. 당신이 그 사실에 주의를 기울이건 말건, 당신은 하루 종일 모든 것 가운데서 당신이 사랑하고자 하는 하나님의 이름을 들이쉬고 내쉬게 된다. 당신이 호흡을 의식하게 될 때, 그것을 기도로 만들 수 있다. 하지만 당신이 주의를 기울이지 않는다 해도, 이 짧은 기도문은 당신의 몸에서 울려 나오는 배경음악과 같아서 언제든지 다시 들을 수 있다.

그러므로 당신의 기도가 형편없다고 해서 하나님과 멀어졌다고 상상하지 말고, 당신의 호흡이 당신을 위해 늘 기도를 준비하고 있다고 생각하라. 당신의 숨결이 기도를 전달한다고 생각하라. 그것은 갈망, 곧 하나님을 향한 당신의 그리움을 말해준다. 당신은 하느님을 바랄 뿐이며, 그것으로 충분하다. 하느님께 집중할 수 없다고 걱정하지 마라. 하느님은 당신 마음의 끝없는 갈망 그 자체다. "하느님, 당신은 저의 하느님, 저는 당신을 찾습니다. 제 영혼이 당신을 목말라합니다. 물기 없이 마르고 메마른 땅에서 이 몸이 당신을 애타게 그립니다."(시편 63,2)

기다리는 중

중국 전통에 따르면, 우리는 일정한 숫자만큼의 호흡이라는 선물을 가지고 이 세상에 태어난다고 한다. 그리고 그 숨을 다하고 나면 우리는 생을 마감한다. 오래 산다는 것은 급하게 호흡하는 것이 아니라 부드럽고 천천히 숨 쉬는 것을 의미한다. 숨을 쉰다는 것은 중요하다! 호흡을 더욱 소중하게 만드는 것은 야훼라는 단어를 우리가 숨 쉴 때의 리듬에 맞출 수 있다는 점이다. 존재 자체로 우리는 하느님을 위해 기다리고 있는 것이다.

하느님께 대한 헌신의 징표로 잠시 시간을 내어 당신의 호흡을 바쳐보라. 아침기도 시간에 하루의 일, 그날의 어려움과 함께 봉헌하라. 하느님께 완전히 빠져들기를 갈망하며 호흡 속에 숨어있는 기도를 다시금 의식하는 것은 좋은 일이다. 비록 기도 중에 깜박 잠이 들더라도, 하루의 매 순간 기도 속에 머물러 있다는 것을 느낄 때 위안을 얻을 것이다. 기도는 이미 당신 안에서 시작되었고, 끊임없이 이어지고 있다.

우리는 몸으로 기도한다

기도는 영혼으로만 하는 것이고 몸은 관계가 없다는 생각을 버려야 할 수도 있다. 우리의 영혼은 몸을 통해 자신을 표현한다. 수도승들은 매일 시간경을 바치려고 서거나 앉거나 하며 시편을 노래할 때 몸으로도 기도한다. 또한 그들은 하느님께 봉사하려는 지향으로 일하는 것이 곧 기도하는 것이라고 믿는다. 성 이냐시오는 이 말에 열정적으로 동의할 것이다. 성 아우구스티노는 "성가는 두 배의 기도다"라고 말하면서, 성가는 기도하는 것이라고 했다.

우리는 경배할 때 고개를 숙인다. 기도할 때 손을 모으고

성호를 그으며 몸을 축복한다. 그리고 영성체 때 성체를 받아 모신다. 성지순례는 몸으로 하는 기도다. 몸으로 기도한다는 것은 우리가 천사처럼 영적 존재로서 하느님을 뵙지 않고 육체를 지닌 인간으로서 하느님을 뵙는다는 것을 의미한다. 하느님께서는 "기도하는 동안 너의 몸은 따로 떼어놓아라. 나는 너의 몸이 아닌 오직 영혼에만 관심이 있다"라고 말씀하시지 않는다. 결코 그럴 일은 없다. 하느님께서는 영과 육의 결합이라는 우리의 인간적인 조건을 사랑하신다. 하느님은 우리를 그렇게 창조하셨고, 우리에게서 '정말 좋은' 것을 발견하신다.

소중한 숨

나의 어머니는 칠십 대 중반에 뇌졸중을 겪으셨고 4년 후에 돌아가셨다. 어느 날 아침, 친구와 함께 있을 때 어머니의 숨이 점점 느려지기 시작했다. 잠시 숨을 멈춘 순간이 믿을 수 없을 정도로 길어졌다. 마침내 어머니는 숨을 내쉬셨지만, 우리는 바짝 얼어붙은 채로 어머니가 다시 숨을 들이쉬

시길 기다렸다. 5초, 10초, 20초, 30초, 1분…. 그러나 숨은 돌아오지 않았다. 어머니께서 숨을 거두신 것이다. 그 마지막 숨은 소중했다. 물론 어머니 삶의 모든 숨도 소중했다. 하느님을 사랑하는 사람들에게는 의식이 있건 없건 그들의 마지막 숨이 예수님의 기도와 조화를 이룬다. 바로 예수님께서 "아버지, 제 영을 아버지 손에 맡깁니다"(루카 23,46)라고 말씀하신 순간처럼 말이다. 그분의 온 존재가 갈망한 것은 바로 성부이셨다. 우리의 집중력이 말년에 약화되더라도 성부께서는 우리에게도 그런 존재이실 수 있다. 우리가 나이 들어갈수록 더 이상 '양질의 기도'를 하려고 걱정하지 않아도 된다는 것은 위로가 된다. 우리는 그저 우리의 몸과 조화를 이루며 기도하면 된다.

낮에는 좀처럼 숨 쉬는 것을 의식하지 못하지만, 잠을 이루지 못할 때면 숨을 의식하게 된다. 폐공기증으로 힘들어하던 몇몇 예수회 형제들은 숨 쉬는 데 얼마나 많은 노력이 필요한지 알고 있었다. 그들이 느끼는 불편함은 이미 일종의 기도가 되었다. 그들에게 숨을 주셨고 그들이 생을 마감할 때 다시 숨을 거두어 가실 하느님께, 그것은 소중한 기도다. 만약 하느님께서 내가 잠 못 이루며 엎치락뒤치락한 것을 헤아리시고 나의 눈물을 병에 담으셨다면, 우리의 호흡은 보물처럼 여겨질 것이다.(시편 56,9 참조) 삶의 마지막 순간에, 우리에게 주어지는 생명의 유일한 힌트는 호흡일 것이다. 그리고 그것이 우리의 마지막 기도가 될 것이다.

기도 안에 머무르며

자리에 앉아 주변에서 나는 다양한 소리들 한가운데서 고요한 지점으로 존재하는 당신 자신을 의식해 보라. 자갈길을 걷는 소리, 문을 두드리는 소리, 소리 내어 웃으시는 예수님의 인사에 귀를 기울여 보라. 그분을 보자마자 당신은 놀라서 숨을 멈추게 된다. 예수님이 너무나 늙으셨기 때문이다. 머리카락과 턱수염은 회색빛이 되었고, 움푹 들어간 뺨에는 생기가 사라졌으며, 피부에는 주름이 가득하다. 그분은 천천히, 구부정한 모습으로 들어오신다. 그러나 눈빛은 여전히 그대로시다. 오히려 더 깊고, 더 부드럽고, 더 사랑이 가득한 눈빛으로 바라보신다.

당신의 눈에서 눈물이 흐른다. 예수님께서 늙으셨다니 어찌 된 일인가? 머리가 복잡해지지만, 마치 예수님이 "두려워하지 마라. 모든 게 괜찮다!"라고 말씀하시는 것 같아 차츰 평온을 되찾는다. 이윽고 당신은 한 가지를 깨닫게 된다! 예수님께서 당신과 같은 모습으로 나타나기로 선택하신 것이다! 진정 사랑은 서로를 닮게 만든다는 것을, 그리고 이제 그분이 당신을 얼마나 사랑하시는지 새롭게 이해하게 된다. 결국 예수님도 당신처럼 인간이 되셨다. 그분은 모든 면에서 당신을 닮았고, 당신의 지상 여정을 오랫동안 함께하셨다. 그분은 지금 있는 그대로의 당신을 사랑하시고, 지금의 당신 모습처럼 되셔서 그 사랑을 보여주신다.

예수님은 당신의 손을 잡고 부드럽게 쓰다듬으신다. 당신의 피부처럼 반점이 생기고 탄력이 없지만 그분의 손길은 여전히 힘이 있고 따뜻하며 위로를 준다. 당신과 예수님은 서로의 눈을 바라보고 서로의 얼굴을 살핀다. 어떤 말도 필요 없다. '그분이 오신다. 정말로 오신다'는 말은 사실이었다. 지금 그대로의 당신처럼 그분은 당신 삶 안에 녹아들어 계신다. 당신은 무엇을 하겠는가?

'나는 그분을 만날 때마다 인사드리고 그분이심을 알게 될 때마다 축복해 드리네.'(홉킨스)

지친 순례자의 기도

전부 아니면 꽝?

어느 날 저녁 식사 시간에 기도의 어려움에 대해 공동체에서 나누게 되었다. 가장 연장자이신 82세 신부님이 잠시 침묵하시더니 이렇게 말씀하셨다. “나는 내 기도에 대해서 얘기할 수가 없군. 나는 항상 기도하고 있거나 혹은 전혀 기도를 안 하고 있거나 둘 중 하나니까!” 나이가 지긋한 많은 회원들은 그 말에 위로를 받았다. 나도 마찬가지 입장이고, 해가 갈수록 더 맞는 말이라는 생각이 든다.

예수회원들은 매년 8일 피정을 한다. 나는 지금까지 배운 것을 바탕으로 하루에 4–5시간 기도 계획을 짜고, 선별된 자료들을 통해 나의 방식대로 기도하고 나서, 무엇을 얻었는지 피정 동반자에게 매일 얘기하였다. 그러나 이제는 이 방법이 그다지 효과적이지 않다. 나는 피정 동반자에게 "할 얘기가 없어요!"라고 종종 말해야 했다. 반면에 편안한 마음으로 산책할 때는, 계획적으로 기도했던 것과 같은 마음으로 하느님께 나아가는 것을 느낀다. 나중에는 이런 생각이 들었다. 이것을 모두 기도라고 할 수 있는 것인가, 아니면 기도가 아닌 것인가? 도대체 뭐가 어떻게 되고 있는 것인가? 자, 이제 기도의 핵심에 대해서 얘기해 보자!

기도는 관계를 뜻한다

기도는 우리와 하느님의 관계 문제다. 하느님은 큰 협력자이시고, 우리는 작은 협력자들이다. 이 관계의 중심은 하느님께서 우리를 신성한 우정으로 초대해 주신다는 신비스러운 사실에 있다. 이 우정의 핵심은 단순하다. 하느님처럼 되는 것, 곧 우리의 신성화이다. 우리는 예수님께서 갈릴래아와 예루살렘에서 사셨던 모습을 볼 수 있고, 그 장면을 마주할 수 있으며, 제자들처럼 우리의 이름이 불리는 것을 들을 수 있고, 먼지 나는 길을 돌아다닐 수 있을 뿐만 아니라, 바다의 폭풍에 사로잡힐 수 있고, 눈먼 이나 나병환자처럼 치유받을 수도 있다. 우정은 발전하고, 우리는 어떤 면에서 예수님처럼 된다. 애쓰지 않아도 조금씩 그리스도 예수님이 지니셨던 내적 태도가 우리 안에서도 자라나게 된다.(필리 2,4 참조) 그분은 성부와 사랑의 관계에 있으시고 우리와도 그렇다. 이 사랑 안에서 그분은 자신을 비우셨다. 우리는 어떤 상황에서든 그분이 우리를 무한히 사랑하실 것임을 알게 된다. 이것은 획기적인 인식이다. 그분과의 만남이 사람들 안에서 변화를 가져오고, 마찬가지로 그분 생애의 장면을 대면하는 것은 우리가 변화한다는 것을 의미한다. 리옹의 성 이레네오가 표현한 대로, '인간이 하느님이 되도록 하느님이 인간이 되셨다.'

시간이 흐르면서 우리는 좀 더 주님처럼 되고, 덜 이기적이면서, 유쾌하지 않은 이들에게도 열린 태도를 갖고, 가난한 이들에게 더욱 관심을 가지며, 우리에게 잘못한 이들을 용서하게 되고, 고통을 참고 인내하게 된다. 삐걱거리고 힘든 것도 없이, 우리의 좁은 마음의 문이 하느님과 이웃을 향해 열리기란 어렵다. 이 단계에서는 기도 시간에 대한 명확한 이해가 생긴다. 우리는 예수님과의 우정이 자라나길 원하기에, 이 목표를 앞에 두고 조금씩 나아간다. 시간이 지남에 따라 우리 자신과 하느님께서 초대하시는 우리의 모습은 점차 친밀해지면서 조화를 이루게 된다. 우리는 우정을 통해 예수님과 가까워지게 되고, 그분의 방식과 하나가 된다. 그러나 기도가 진행될수록 상황은 다소 모호해진다. 관점이 변화하는 것이다. 산 정상에서 바다를 보는 것과 바다 속에서 수영을 하는 것은 분명 다른 일이다. 바다 속에 있을 때는 할 말이 별로 없다. 너무 가까이 있기 때문이다. 만약 누군가 우리에게 "거기는 어떤 것 같아?"라고 소리친다면, 우리는 "음, 사방에서 물결이 일고, 햇빛이 비치면 푸르고, 구름이 끼면 회색이고, 바람이 불면 파도가 쳐. 그게 다야!"라는 정도로만 대답할 수 있을 뿐이다.

우리의 기도 여정도 이와 비슷하지 않을까? 사람들은 하느님을 향한 갈망으로 기도를 하는데, 사실 하느님은 처음부터 우리에게 이 갈망을 주셨다. 기도 안에서 하느님과의 만남은 우리를 변화시킨다. 우리의 마음과 정신은 부드러워지기 시작한다. 이것은 우리 안에서 일어나는 하느님의 혁신적인 작업이다. 하느님은 우리가 사랑 안에서 성장하도록 하신다. 하느님은 우리의 기도 안에서 이미 당신의 일을 하고 계시며, 우리의 남은 생애에서도 그럴 것이고, 우리가 사랑 안에서 성장하도록 기도 이외에 모든 세밀한 것 안에서도 일하고 계신다. 그러나 만약 모든 일이 잘 진행된다면, 우리는 점차 하느님을 볼 수 있을 만큼 그분께 가까워지고 있는 것이다. 만약 일이 잘 풀리지 않는다면, 육지에서 벗어나 바다를 항해할 때처럼 우리는 어디에 있는지조차 알 수 없게 된다. 익숙한 것을 상실하는 것은 두려운 일이기에, 아마추어 선원이 늘 자신의 시야에 해변을 확보하려는 것도 그 때문이다. 이는 연로한 예수회원이 했던 "나는 항상 기도하고 있거나 혹은 전혀 기도를 안 하고 있거나 둘 중 하나니까"라는 말을 상기시켜 준다.

당신이 사랑을 아는 사람이 된다는 것은 어느 정도 하느님과 닮아가게 된다는 것을 의미한다. 그러면서 당신과 하느님 사이의 구별도 희미해진다. 당신은 하느님의 영역에 도달한 것이다. 당신의 기도와 삶은 하느님을 향한 단 하나의 갈망 속에 녹아든다.

흐름에 따라가기

아마도 당신은 "그분이 내 기도를 들어주실 리 없어!"라고 말할지도 모른다. 그러나 그분은 듣고 계신다. 당신의 기도가 아무리 불완전해 보일지라도, 하느님의 시간이나 당신의 시간을 낭비하는 것이 아니라는 믿음을 가지도록 내가 힘이 되었기를 바란다. 중요한 것은 '내가 기도를 잘하는 사람인가?'가 아니다. 만약 기도가 오랜 시간 동안 온전히 하느님께 집중하는 것을 뜻한다고 생각한다면, 당신은 기도를 잘하는 사람이 아닐지도 모른다. 그보다는 당신의 삶이 사랑의 곡선을 배워가면서 위를 향해 나아가고 있느냐는 것이 핵심이다.

당신은 하느님의 사랑을 받고 있다는 것을 얼마나 깊이 깨닫고 있는가? 당신은 다른 이들에게 더 사랑스러운 존재가 되고자 하는가? 당신은 이 질문에 겸손하게 '네!'라고 대답할 수 있다. 만약 의심스럽다면, 친구에게 물어보라. 온 마음으로 주님을 사랑하고 이웃을 당신 자신처럼 사랑하라는 계명은 이미 주어졌다.(루카 10,27 참조) 그렇게 하려고 애쓰지 않는다면, 당신은 복음을 읽지 않은 것이다. 인생을 통틀어 기쁠 때나 슬플 때나, 성공할 때나 실패할 때나, 당신은 이 계명에 순종하려고 노력했다.

지금까지 당신의 마음은 아주 잘 확장되고 있다. 당신은 사람들을 더 잘 받아들이고, 사람들에게 더 관대해지고, 덜 비판적이게 되었다. 비록 마지못해서일 수는 있어도, 당신은 하느님께서 당신의 삶을 이끌어 가시는 대로 받아들였다. 사람들은 당신을 실망시킬 수 있고, 당신이 좋아하지 않는 일을 할 수도 있다. 그러나 당신이 이전에 지녔던 자기중심적인 모습이 사라졌기 때문에, 사람들은 더 이상 당신과 부딪히려 하지 않는다. 이제 당신은 흐름에 맞서려 하는 대신, 흐름을 타고 가려 한다. 원한, 상처, 좌절에 빠져있는 시간을 보내기보다 감사하는 데 시간을 더 보낸다. 또한 수년간의 고통과 후회를 어느 정도 받아들이고, 그 해결을 하느님께 맡겨드린다. 당신은 여전히 진행 중인 한 편의 작품인 동시에, 하느님의 아들과 딸로서 당신의 완성을 향해 나아가고 있다.

이제 어떻게 기도해야 하는가

기도는 하느님과 나누는 사랑의 대화이다. 아빌라의 성녀 데레사도 그렇게 말했다. 성 이냐시오 역시 기도를 가리켜 친구 사이의 대화라고 말했다. 그래서 우리는 기도 안에서 무슨 일이 있었는지 말씀드리고, 하느님께서 어떻게 반응하시는지 주목한다. 그분은 신뢰할 수 있는 좋은 친구로서 당신 삶의 모든 것에 관심을 갖고 있기 때문에, 당신은 그분께 무슨 이야기든지 할 수 있다. 이는 당신이 사람들과 더욱 좋은 관계를 만들어 가는 데도 도움을 준다. 뿐만 아니라 기도를 통해 당신은 자신과 타인 그리고 온 세상에 대한 사랑이 성장한다는 것을 알게 된다. 당신의 친구가 그들을 사랑하기 때문이다. 당신은 뉴스를 볼 때도, 한 걸음 물러선 구경꾼이 아니라 화면에 나오는 모든 사람들, 곧 가해자와 희생자 모두를 걱정하는 사람으로서 본다. 당신은 그들 한 명 한 명을 위해 기도할 수 있다. 어떤 형태의 기도가 당신 안에서 성장하고, 당신은 그 안에서 모든 이의 무탈함을 기원한다. 당신은 그들 안에 있는 선함에 대해 하느님께 감사드리고, 그들 안에 있는 나쁜 것이 사라지도록 그분께 요청한다.

기도는 전적으로 관계를 발전시킨다. 과거에 대한 성찰은 풍요로운 통찰력을 가져다준다. 당신은 예수님께서 자신의 발을 씻어주신 의미를 깨닫지 못했던 베드로와 비슷하다. "내가 하는 일을 네가 지금은 알지 못하지만 나중에는 깨닫게 될 것이다."(요한 13,7) 우리는 아직 하느님과 얼굴을 맞대고 보지는 못한다. 모세가 그랬던 것처럼 그분이 지나가시고 나서야 그분을 보게 될 뿐이다.

나는 하느님을 원해

어떤 노인이 자신은 이렇게 기도한다고 나에게 알려주었다. "하느님, 제가 사랑하는 모든 사람을 축복해 주시고, 제가 사랑하지 않는 모든 사람도 예외 없이 축복해 주소서. 하느님, 저희들로 인해 힘든 일을 하셨으니 당신 자신도 축복하소서. 우리를 보살펴 주소서. 아멘." 이를 좀 더 살펴보면 다음과 같은 내용을 얻을 수 있다. '나는 항상 하느님을 원하고 있어. 8년 전에 세상을 떠난 내 남편이 돌아오길 바라는 것처럼 말이지. 하느님이 어떻게 생기셨는지 점점 더 모르겠지만, 그분을 향한 내 마음은 더욱더 커지고 있어.' 아마도 그녀는 우리의 마음을 대변해 주고 있는지도 모른다. 우리는 막연하지만 하느님을 깊이 갈망하기에 기도하려고 노력한다. 하느님은 우리가 이해할 수 있는 명확한 경계를 갖고 계시지 않지만, 끊임없이 우리를 신성한 관계로 이끄신다.

우리는 시편 저자와 함께 이렇게 기도할 수 있다. "하느님, 당신은 저의 하느님, 저는 당신을 찾습니다. 제 영혼이 당신을 목말라합니다. 물기 없이 마르고 메마른 땅에서 이 몸이 당신을 애타게 그립니다."(시편 63,2) 메마른 땅에서 부르짖는 이 외침은 '어리석음의 기도'라고 불리기도 하는데, 그 기도에는 분명한 내용이 없어 보이기 때문이다. 그러나 당신이 하느님을 원한다는 것만으로 충분하다. 만약 하느님께서 나타나신다면 말할 수 없이 기쁘겠지만, 늦게 오시더라도 당신은 초조하고 심란한 마음을 가라앉히고 그분을 기다려야 한다.

미묘한 현존

수년간, 나는 성당에 앉아서 하느님을 기다리며 양질의 시간을 내어드림으로써 하느님을 향한 나의 바람을 보여드리는 것이 주로 나의 기도라고 느껴왔다. 그런데 매일 복음의 말씀과 장면에 집중하지 못하는 경우가 많아졌다. 몸은 존재하지만 정신은 산만하다. 하지만 나는 고요하고 신성한 현존으로 가득한 세계에 살고 있다고 믿는다. 또한 내가 알아차리기에는 너무나 심오한 수준이라 할지라도, 침묵 속에서 하느님과 나 사이에 무엇인가 작용하고 있다고 믿는다. 나는 마치 누군가 부르고 있는 노래와 같다. 만약 가수가 노래하기를 멈춘다면 나는 사라지고 말 것이다. 비록 이 경우에 가수가 보이지 않고 형태나 형상 너머에 존재한다 하더라도, 가수와 노래 사이에는 어떠한 거리감도 없다. 집에 돌아왔을 때, 무엇을 보거나 소리를 듣기도 전에 누군가 있다는 것을 본능적으로 느껴본 경험이 있을 것이다. 시편 139편은 하느님이 숨어계시지만 무한히 가깝고 친밀한 분이심을 알고 있는 한 사람의 인식을 들려준다.

그러므로 나는 하느님께서 함께하시고 내가 홀로 기다리고 있지 않다는 것을 믿기로 했다. 기도할 시간을 낸다는 것이 때로 힘들다는 것을 알지만, 그것에 대해 후회한 적은 없다. 기도가 시간 낭비였다고는 결코 말할 수 없다. 시인 로널드 스튜어트 토마스R. S. Thomas가 쓴 대로, 나는 아주 이따금씩 '기도하려고 모은 손 사이로 … 커튼의 펄럭임'을 감지한다.

기도 안에 머무르며

창문 너머로 예수님을 바라보라. 그분이 오실 때 당신의 마음속에서 무슨 일이 일어나는지 느껴보라. 예수님도 이 만남을 얼마나 기다리셨는지 생각해 보라. 그분의 미소를 보면, 당신과 함께하는 시간을 얼마나 좋아하시는지 알 수 있다. 예수님과 대화를 나누어 보라.

당신은 이렇게 말할지도 모른다. "예수님, 저는 당신과 대화를 나누는 것도 좋아하고 침묵도 좋아합니다. 만약 이것이 기도를 의미하는 것이라면 저는 행복합니다. 제가 원하는 것은 당신입니다! 당신이 떠나신 후에도 당신을 향한 그리움은 남습니다. 저는 당신이 주신 매일의 삶을 받아들이고, 당신의 존재에 대한 숨겨진 흔적을 발견하려고 노력합니다. 저는 변하고 있습니다. 이제 흐름에 몸을 맡기고 당신이 저를 이끌어 가시게 하려 합니다. 당신이 제 생애의 황혼기로 저를 이끄시니, 제가 당신을 찬양하게 하시고 감사의 마음 안에서 더욱 자라나게 하소서."

예수님은 무엇이라고 응답하시는가?

하느님은 정말 우리에게 관심이 있으실까?

멀리서 지켜보신다?

혼란스러운 세상을 생각하면, 하느님이 우리를 걱정하시는지 묻고 싶어진다. 하느님은 정말로 우리에게 관심이 있으신 걸까? 우리는 종종 이런 질문에 대해 궁금해한다. 특히 일이 잘못될 때 더욱 그렇다. 베트 미들러Bette Middler는 "하느님은 멀리서 우리를 지켜보고 계시네"라고 노래한다. 우리는 하느님이 저 멀리 하늘에서 우리를 지켜보고 계신다고 생각하는 경향이 있다.

그러나 하느님은 매우 가까이 계신다. 신성한 세계와의 대면은 상상할 수 없을 만큼 친밀하다. 하느님께서는 세상을 창조하시고 뒤로 물러서 계신 분이 아니기 때문이다. 우리와 모든 피조물은 하느님의 노래와 같다. 만약 하느님이 우주에 대해 노래하기를 멈추신다면, 모든 게 사라질 것이다. 하느님은 우리가 사는 세상이 가장 좋은 상태로 있도록 활발히 활동하시고, 우리의 선택에 끊임없이 응답하시며 가꾸어 나가신다. 우리의 선택에 흠이 있다면, 하느님은 거룩한 융단 안에서 이 선택들을 새로운 도안에 맞춰 짜나가신다. 인생의 끝무렵에 모든 게 떨어져 나가는 듯하고 의심의 악마가 하느님께 대한 우리의 오랜 확신을 갉아먹을 때, 하느님께서 우리를 염려하시고 우리를 위해 거룩한 사랑의 에너지로 지칠 줄 모르고 일하신다는 것을 명심해야 한다.

공개 프로젝트

세상에 대한 하느님의 계획이 엄격하지 않고 융통성이 있다는 사실을 아는 것은 도움이 된다. 이는 건축가의 청사진이라기보다는 경기에 임하는 축구 감독의 계획에 더 가깝다. 그것은 공개된 프로젝트다. 내 친구 가운데 한 명은 어떤 주방 디자이너에게 이렇게 말했다. "주방을 새롭게 꾸며주세요. 색깔이나 타일 등에 대해 작업해 주시면 됩니다. 밝으면서 통풍이 잘되고 물건들이 쓰기 편한 위치에 있기만 하다면, 다른 건 신경 안 쓰겠습니다. 깔끔하게 해주시리라 믿습니다."

이처럼 하느님은 우리에게 자유를 주시고, 우리 자신을 포함하여 모든 사람들을 소중히 여기시며, 자신의 잠재력을 최대한 발휘할 수 있는 조화로운 세상을 만들 수 있게 해주신다. 인간은 신성한 지침을 무시함으로써 계속해서 비극적인 혼란을 만들어 내지만, 하느님은 거룩한 계획을 포기하지 않으신다. 부활이란 우리가 초래하는 재앙을 하느님께서 어떻게 뒤집으시는지를 경축하는 것이다. 하느님께서는 성 바오로가 "새 창조"(갈라 6,15)라고 불렀던, 새롭고 예측할 수 없는 아름다움과 조화를 창조하신다. 하느님은 결코 세상을 버리지 않으신다. 우리가 저지르는 최악의 잘못에도 불구하고, 하느님의 꿈은 역사를 통해 이루어지고 있고 그분은 궁극적으로 이를 성취하실 것이다. 하느님은 만물을 당신의 결정과 뜻대로 이루신다.(에페 1,11 참조)

내가 하느님을 지루하게 만드는가?

당신은 이렇게 말할지 모른다. "하느님께서 정말로 세상을 걱정하실 수도 있겠지만, 지금의 내 상황은 거의 신경을 안 쓰시는 것 같아." 진정한 기도는 당신과 하느님이 서로 직접적이고 솔직하게 얘기할 때 가능한 것이므로, 당신의 생각을 한번 하느님께 이야기해 보는 게 어떤가? 하느님께 이렇게 여쭤보라. "제가 당신을 지루하게 하나요? 제 허무와 고통과 슬픔에 관심이 있으시긴 합니까? 제가 늙었다고 그저 저를 내버려두시는 건가요? 제가 내세를 믿기 어렵다고 해서 제 믿음이 약해졌다고 화가 나신 겁니까? 저는 혼자서 '만약 죽음 이후에 아무것도 없다면? 만약 나를 반겨줄 당신이 거기에 없다면?'이라는 생각을 자주 합니다."

하느님은 뭐라고 하실까?

하느님은 이렇게 답하실지 모른다. "솔직하게 얘기해 줘서 고맙구나. 내가 여기에 너와 함께 있다는 것을 알아주면 좋겠다. 네 안에서 의심과 두려움, 외로움, 후회 등 여러 감정이 일어난다는 것을 안다. 너의 삶은 지금까지 도전들로 가득했지. 이제 네 삶의 속도가 느려지니, 우리가 만날 시간이 많아진다는 게 나는 참 기쁘다. 마치 늦은 저녁 어느 식당에서 손님들이 모두 떠나고 우리 둘만 남은 것 같구나. 이것이 바로 내가 항상 너와 해보고 싶었던, 마음을 열고 대화를 나눌 기회란다. 내가 생명의 하느님이고 너와 모든 사람들이 온전히 살게 되기를 원한다는 걸 믿을 수 있겠니? 아픔과 절망, 질병과 죄악, 죽음은 세상에 대한 나의 꿈이 아니었단다. 나는 이런 비참한 현실에서 선익을 가져오려고 무척 애를 쓰지만, 이를 해결하기에는 많은 시간이 걸린다는 점을 인정할 수밖에 없구나."

성장의 마지막 단계

하느님은 계속해서 이렇게 말씀하신다. "비록 지금이 부패와 쇠퇴의 시간처럼 느껴질지라도, 사실 이 순간은 네 성장의 마지막 단계란다. 나이 든다는 것은 정말 굉장한 일이고,

너에게는 커다란 은총의 시간이지. 내 사랑은 네 주변에서 일어나는 모든 일 가운데 넘쳐난다. 이 시기는 네 안에서 사랑이 아닌 것들을 마지막으로 씻어내는 '마음 작업'의 시간이란다. 그러고 나면 너는 나의 새로운 생명으로 완전히 가득 찰 거야. 너는 오래전부터 항상 그렇게 되기로 정해져 있던 나의 모습과 닮아가고 있단다. 나는 너의 손을 잡고, 너를 새로운 어딘가로 이끌고 갈 거란다. 지금까지 너를 위해 수고해 주었고, 이제는 고통스럽게 약해져 가는 몸을 놓아주어야 한다. 너는 새로운 삶을 준비하게 될 거야. 이 준비 과정은 감춰져 있고, 아무도 볼 수 없지만, 내가 깊은 곳에서 이 작업을 지휘하고 있단다. 모든 것을 놓아줄 때, 나는 너를 나에게 더 가까이 오게 하고, 그 길에 방해되는 것으로부터 너를 자유롭게 해줄 것이다. 그러니 지금의 삶이 아무리 힘들다 해도 나에 대한 믿음을 버리지 않도록 하렴. 이 삶은 네가 죽은 이후에 마주하게 될 진정한 삶을 위한 무대 뒤에서의 준비 과정일 뿐이란다."

씨앗이 죽지 않는다면

당신은 또 이렇게 말할지 모른다. "하지만 주님, 제 삶에서 이 쓸모없는 노력이 다 무슨 소용입니까? 제 가족은 제가 원했던 길로 가지 않았어요. 저는 그들에게 모범이 되려 했지만, 결국 그들이 신앙에서 더 멀어지게 만든 꼴이 되었습니다."

이에 하느님은 부드럽게 답하실 것이다. "그래, 내가 너를 지켜보았고 너의 노력을 응원했기에 잘 알고 있다. 너는 그때 최선이라고 생각한 것을 했고, 나에게는 그걸로 충분하단다. 너는 가끔 내가 너의 자녀들에게 신경을 쓰고 있는지 궁금해하지. 그렇지 않니? 내가 하는 방식이 신비롭다는 것을 나도 안단다. 하지만 이것을 말해주고 싶구나. 네가 하는 많은 것은 너의 생애 동안 열매를 맺지 못할지도 모른다. 자기 노력의 열매를 보지 못하고 죽음을 맞이한 예수도 마찬가지였다. 대부분의 좋은 삶은 씨앗을 뿌리는 데 쓰인다. 수확은 알맞은 때, 내가 정한 때에 거두게 된단다. 세상 끝 날에, 너는 너의 좋은 행동과 신실한 기도, 관대하면서도 감춰진 희생으로부터 나오는 풍성한 결실을 보게 될 것이다. 그러니 사랑 안에서 성장하는 것에 지치지 마라. 네가 행동하고 고통받는 것 안에 네가 가진 모든 사랑을 쏟아부으렴. 이것은 너의 삶에서 일어나는 모든 것을 영원함의 수준으로 끌어올려 줄 것이다. 너와 나는 설명할 수 없는 세계를 향해 함께 걸어가고 있는 거란다. 남은 여정을 위해 나의 손을 잡아라. 함께 걷자. 그리고 너의 좋은 행실도 함께 가져가자."(묵시 14,13 참조)

두 명의 선한 여성

어쩌면 당신은 아직 확신하지 못한 채 이렇게 말할지도 모른다. "주님, 그렇지만 저는 제 삶에서 성취한 것이 별로 없습니다. 저는 성전 봉헌함에 단지 동전 두 닢만 넣을 수 있었던 복음 속 가난한 과부와 같습니다. 혹은 모든 것에 관심을 두지 않았기 때문에 이웃들에게 웃음거리가 된, 알렉산드르 솔제니친의 단편소설 「마트료나의 집」에 나오는 주인공과 같습니다. 그녀는 자신이 가진 전부였던 고무나무와 늙은 염소 한 마리만 남긴 채 떠나갔지요…."

주님의 답변이 들리는가? "그렇지. 그러나 너는 그 두 이야기의 후반부를 잊고 있구나. 나는 성전에 있는 그 가난한 과부를 칭찬했다. 그녀는 가진 모든 것을 아낌없이 봉헌했지. 내가 사랑하는 사람들, 곧 기쁜 마음으로 베푸는 사람들 중 한 명이었단다. 나는 그녀에게 관심을 기울인 유일한 사람이었고, 다른 이들은 부자들이 넣은 금액에만 감명받았지. 나는 그 과부의 마음을 보았고 그 마음은 순수했단다. 그녀는 자신에 대해 엄청난 환상을 갖지도 않았어. 단지 자발적으로 관대했을 뿐이란다. 지갑은 작아도 마음이 넓은! 그녀는 너의 여정에 좋은 협력자가 되어줄 것이다. 그녀와 대화를 나눠보렴. 어쩌면 네가 사랑과 자유 안에서 모든 일을 실천하게끔 도와주거나, 아니면 아예 내려놓도록 도와줄지도 모른단다."

"소설 속 마트료나는 어떨까? 작가는 '어떤 마을도, 어떤 도시도, 어떤 나라도 그녀 없이는 살 수가 없다'라고 말했었지. 달리 말하면, 그런 사람들이 세상을 살아있게 한다는 의미란다. 나는 네가 그녀처럼 세상을 사랑하고 네가 만나는 사람들에게 친절하기를 바란다. 그리고 너 자신을 너무 심각하게 받아들이지 말라고 당부해도 될까? 너의 머드파이를 보며 웃어보렴. 너는 평생 보여줄 게 별로 없다고 생각할 수도 있고, 너의 삶이 조각나 버렸다고 느낄 수도 있단다. 하지만 너와 내가 사랑 안에서 함께 이루어 낸 것은 네가 영원한 생명에 들게 될 때 영광스럽게 드러날 거란다."

기도 안에 머무르며

주님과 함께 당신이 좋아하는 곳에서 편안하게 있을 때, 방금 읽은 대화를 계속 이어갈 수 있다. 어쩌면 샤르댕 신부의 기도문을 각색하여 당신만의 기도를 만들어 볼 수도 있겠다. 하느님의 보살핌, 그분의 섭리를 신뢰하며 그는 이렇게 기도하였다.

> 주님, 저의 시간이 다가올 때, 나이 들어가는 제 모습 속에서 당신을 알아볼 수 있게 해주소서. 몸이 쇠약해지고 마음도 약해질 때, 저를 공격하는 질병이 안팎으로 괴롭힐 때, 제가 병들고 늙어가고 있음을 깨달았을 때, 그리고 무엇보다도 저를 만든 커다란 알 수 없는 힘 안에서 모든 통제력을 잃고 수동적으로 변해버린 마지막 순간에, 주님, 그 모든 어두운 순간들 속에서 당신께로 데려가기 위해 저를 자유롭게 해주시는 분이 당신이심을 깨닫게 하소서. 주님, 당신과 일치를 이루는 행위로 죽음을 받아들일 수 있도록 저를 가르쳐 주소서.

하느님, 후회로부터 구해주세요

후회란 없다

시그리드 운세트Sigrid Undset의 대하소설 「크리스틴 라브란스 다테르」는 14세기 노르웨이를 배경으로 한다. 고집불통이면서도 아름다운 아이였던 크리스틴은 아버지가 너무나 사랑하는 딸이었다. 그러나 십 대 초반에, 매력적이지만 불안정한 얼렌드를 만나 사랑에 빠져 결혼하였고, 아버지는 크게 실망한다. 아들 일곱을 둔 그녀는 아이들을 무척 사랑했다. 하지만 육아는 견딜 수 없을 만큼 힘들었다. 재산을 탕진해 버린 얼렌드는 크리스틴과 멀어지고, 결국 길에서 싸움하다 얻은 상처로 생을 마감한다. 크리스틴의 큰 시누이가 집안일을 책임지게 됐을 때, 자신이 더 이상 환영받지 못한다는 것을 깨달은 그녀는 흑사병이 전 유럽을 휩쓸기 시작하자 한 수녀원으로 들어간다. 그리고 어떤 가난한 사람에게 친절을 베풀다가 전염병에 감염되어 고통스러운 죽음을 맞는다.

크리스틴은 죽어가면서 무자비함, 오만함, 냉정함과 모성애, 관대함, 참회 등으로 뒤섞인 자신의 삶을 되돌아보게 된다. 자신의 결혼반지를 응시하는 그녀에 대해 작가는 이렇게 묘사하고 있다.

> 눈물이 주르르 흘러내렸다. 마치 이전에는 그녀에게 있어 반지가 무엇을 의미하는지 전혀 몰랐던 것처럼 보였다. 반지로 인해 묶여버린 삶, 불만을 토로했던 삶, 구시렁거렸던 삶, 분노와 저항의 대상이 되었던 삶이 바로 결혼이라는 삶이었다. 그럼에도 불구하고, 좋은 날이든 궂은 날이든 그녀는 그 삶을 너무나 사랑했고 그 속에서 너무나 기뻐했다. 하느님께 돌려드리기에 힘들지 않은 날이 없었지만, 후회 없이 포기했던 것에 대해서도 일말의 슬픔은 없었다.

후회에 대처하는 법

'후회 없이 포기했던 것에 대해서도 일말의 슬픔은 없었다!' 이것은 신비로운 말이긴 하지만, 크리스틴은 좋은 것들이 자신의 많은 아쉬움에서 온다는 사실을 알고 있었다. 슬픔은 생명을 준다. 우리가 죽게 될 때 우리에게도 이런 일이 생길까? 앞 장에서, 당신이 삶에서의 힘든 경험을 주님과 나누고 그 어려움들을 헤쳐나갈 수 있게끔 그분께 맡기도록 초대했다. 유감스럽게 여기는 상황들, 실패한 결혼 생활, 가족 중 누군가와 소원해진 일, 잃어버린 우정, 신뢰에 대한 배신, 혹은 나쁜 결정 등을 고통스럽지만 떠올릴 수 있었을 것이다. 삶은 공평하지 않았고, 일은 잘 진행되지 않았으며, 성급한 결정이 회복 불가능한 피해를 줬다고 느낄지도 모르겠다.

그런 후회로, 당신은 무엇을 할 수 있을까? 아마도 곪아 터질 때까지 놔둘지도 모르겠다. 하지만 그러면 당신은 우울해지고 마음이 괴로워 결국 하느님과 주변 사람들에게서 멀어지게 될 것이다. 이에 대한 대안은 마음속 후회를 사랑의 눈길로 오랫동안 바라보고, 임종 때까지 미뤄두기보다는 지금 하느님께 맡기는 것이다. 우리의 가장 어두운 상황조차 감싸

안아 주실 만큼 하느님의 마음은 충분히 넓고, 그분의 손길은 아주 가까이 있다.

"여인이 제 젖먹이를 잊을 수 있느냐? 제 몸에서 난 아기를 가엾이 여기지 않을 수 있느냐? 설령 여인들은 잊는다 하더라도 나는 너를 잊지 않는다. 보라, 나는 너를 내 손바닥에 새겼고 너의 성벽은 늘 내 앞에 서있다."(이사 49,15-16) 이것이야말로 신성한 사랑이 지닌 모성애적 측면을 성경 안에서 보여주는 가장 위로가 되는 구절이 아닐까?

행복하여라, 슬퍼하는 이들

"행복하여라, 슬퍼하는 사람들!" 어떻게 예수님은 이런 말씀을 하실 수 있는가? 그분은 곧바로 "그들은 위로를 받을 것이다"(마태 5,4)라고 덧붙이신다. 우리는 많은 것들에 대해 슬퍼한다. 먼저 우리의 통제 바깥에 있어서 우리가 아무것도 할 수 없는 일들이 있다. 건강을 잃거나 사랑하는 이의 죽음, 혹은 생태적 재앙이 그 예다. 그러나 우리가 언제나 할 수 있는 한 가지가 있다. 바로 하느님께 내어 맡기고 그분으로부터 선한 것이 나오기를 청하는 일이다. 이는 만물을 살게 하시는 하느님께서 망쳐지거나 잃어버린 것을 회복하실 수 있다는 데까지 우리의 믿음을 확장시켜 주지 않는가? 슬퍼하는 우리가 행복할 수 있는 까닭은 모든 치욕으로부터 하느님께서 선을 이끌어 내심으로써 우리가 지금 혹은 나중에 위로를 받게 될 것이기 때문이다.

좋은 것은 아무것도 잃지 않을 것이다. 죽은 자들이 살아나고, 친구들이 우리에게 돌아오며, 모든 눈물이 닦이고, 하느님의 얼굴이 우리를 비추어 새 하늘과 새 땅이 어둠 속에서 드러나고, 만물이 새롭게 될 것이다.(묵시 21,1–7 참조) 하느님은 어둠이 빛을 이길 수 없음을 약속하셨다. 그리고 이 약속들은 신성한 사랑의 언어이기에 우리의 상상을 뛰어넘어 충족될 것이다.(요한 1,5 참조)

내가 한 일과 실패한 일

내가 망쳐버린 일들은 어떤가? 나는 재능을 잘못 사용하였고, 다른 이들에게 상처를 주었으며, 그들을 실망시켰고,

도움이 필요한 이들을 돕지 못했다. 망쳐진 관계를 정직하게 돌아볼 때 나에게 아무런 잘못이 없다고 말할 수는 없다. 그러면 이제 남은 생애를 좌절감이 가득한 후회 속에서 살아야만 하는가? 조화롭지 못한 음색을 지닌 내 삶의 노래가 우주에 대한 하느님의 교향곡에 어떻게든 맞춰질 수 있다는 희망은 물 건너간 것인가? 아니다, 너무 늦은 것은 결코 없다! 하느님은 과거를 복구시키시는 분이 아니다. 상처는 여전히 남아있긴 하지만, 그래도 치유될 수 있다. 하느님은 치유의 하느님이시다.

예를 들어, 실패한 기억은 마음의 변화에 영향을 준다. 내가 받은 타격으로부터 어떤 좋은 것이 생겨날 수도 있다. 앨리스가 열다섯 살이었을 때 그녀도 여덟 살 동생 한스와 함께 아우슈비츠로 가는 기차에 강제로 실렸다. 앨리스는 한스가 신발 한 짝을 잃어버린 것을 보고 "네 물건 좀 잘 챙길 수 없어? 왜 그렇게 바보 같아?" 하고 소리쳤다. 그러고 나서 그들은 헤어졌고 앨리스는 두 번 다시 동생을 만나지 못했다. 크게 상심한 앨리스는 그녀에 대한 누군가의 마지막 기억이 행복한 것이 아니라면 그 어떤 것도 결코 말하거나 행동하지 않겠다고 맹세하였다. 불친절했던 순간의 교훈으로부터 탄생

한 이 아름다운 꽃이 그녀의 삶을 결정하였다.

우리가 저지른 원래의 잘못은 되돌릴 수 없다. 궁극적으로 하느님만이 모든 상처를 치유할 수 있고, 그분의 피조물인 우리가 입힌 상처는 그분이 치유하시는 손길에 맡겨야 한다. 우리는 시편 저자가 말한, "당신께서 적어두셨습니다. 제 눈물을 당신 부대에 담으소서. 당신 책에 적혀있지 않습니까?"(시편 56,9)라는 말씀으로 돌아갈 수 있다. 이 말씀은 우리의 눈물을 소중히 여기시고, 세상의 고통을 해결해 주시는 하느님의 모습을 보여준다. 노년은 우리의 믿음이 끝없이 뻗어나가는 소중한 시기다. 하느님에 대한 불편한 이미지에서 점차적으로 벗어나, 하느님은 진정 무한한 연민을 지니신 분임을 느끼게 된다. 그분은 멀리서도 우리가 돌아올 기미가 있는지 살피시며, 우리가 아무리 큰 실망을 안겨드렸다 해도 따뜻하게 집으로 맞아주시는 되찾은 아들의 비유 속 아버지와 같다.(루카 15,11-32 참조)

어둠 속의 빛

여기서 우리는 하느님께서 어떻게 인간의 실패와 악을 다루시는지 그분의 신비에 대해 엿볼 수 있다. 어둠의 한복판에는 우리에게 희망을 주는 한 줄기 빛이 있다. 하느님은 악과 협상하실 때 가장 신비로우신데, 그것은 선한 차원에서 신비로운 것이다. 가장 중요한 예는 하느님께서 어떻게 '비극적인 금요일'을 '성금요일'로 바꾸셨는가이다. 그날의 공포는 여전히 남아있다. 그날의 일은 결코 일어나서는 안 되었으며, 어떤 것도 그것을 정당화할 수 없다. 그러나 예수님은 자신의 상처를 부활로 가져가신다. 그 사건은 인간의 악한 의도 앞에서 하느님의 무한한 사랑을 드러냈다. 이를 통해 우리는 악에서 선을 이끌어 내는 것이 하느님의 고유한 일임을 알 수 있다.

때로 우리는 다른 사람의 삶이나 우리 자신의 삶에서 이러한 빛줄기들을 본다. 모든 곳에서 확실히 볼 수 있는 것은 아니지만, 하느님이 어둠 속에서 일하고 계신다는 희망을 가질 만큼 충분히 자주 보게 된다. 아이를 비참하게 떠나보낸 가족들을 알고 있는데, 수년간 그들은 죄의식과 수치, 분노로 고통을 겪은 후에 비슷한 아픔을 겪은 가족들에게 새로운 연민을 갖고서 더욱 부드럽고 온화하게 서로를 보살피며 지낸다. 마찬가지로 깨져버린 결혼 생활의 고통을 겪은 몇몇 친구들은 더 넓은 사랑을 향해 열리게 되었고, 때때로 드러나는 성직자의 바람직하지 못한 모습은 교회를 겸손으로 이끌어 주었다. 그러므로 우리가 만들어 내는 상처는 서로에 대한 십자가로서, 우리가 아닌 하느님의 창조적인 행위에 의해서만 구원될 수 있다고 믿는다. 하느님은 손상된 당신의 작품을 원래 의도처럼 아름답게 바꾸기를 좋아하시는 장인이시다. 우리가 이를 알고 있다면 근심 가득한 마음에 평화를 가져올 수 있다.

구원이 필요한 마지막 후회는, 당신이 누군가에게 베푼 사랑과 관심이 아무런 열매를 맺지 못했다는 느낌이다. 아낌없이 베푼 모든 사랑에도 불구하고 당신의 아이는 방황할 수 있고, 배우자와의 관계에 많은 것을 쏟았지만 상대는 당신을 떠날 수도 있다. 성 바오로는 이런 느낌을 갖고 있던 갈라티아 사람들을 이렇게 위로하였다. "낙심하지 말고 계속 좋은 일을 합시다. 포기하지 않으면 제때에 수확을 거두게 될 것입니다."(갈라 6,9) 사랑은 끝까지 견딘다. 사랑은 스러지지 않는다. 사랑 안에서 실천한 모든 것은 보상을 받을 것이다. 그러므로 우리는 하느님의 손에 이 후회를 맡겨드려야 한다.

나이가 들어 죽음을 앞둔 사람들은 때때로 자신의 삶을 충분히 살지 못했던 것에 대한 후회를 털어놓곤 한다. 이러한 후회 가운데 공통된 것은 다음과 같다.

남들이 나에게 기대했던 삶이 아니라, 내가 진실한 삶을 살아갈 용기를 가졌더라면

사람들은 삶이 거의 끝나간다는 것을 알게 될 때, 자신이 했던 혹은 하지 못했던 선택들로 인해 그리고 자신의 통제 너머에 있는 상황들로 인해, 얼마나 많은 꿈들을 이루지 못했는지 보게 될지도 모른다. 그러한 꿈들을 좇아가는 데 필요한 건강과 에너지는 이제 사라졌다.

그렇게 열심히 일하지 않았더라면

일이라는 쳇바퀴 안에서 정신없이 바쁘게 사는 동안, 자녀와의 행복한 시간을 놓쳐버리고 배우자와의 관계를 키워가는 데 시간을 제대로 못 냈을지도 모른다. 성직자와 수도자들은 다른 이들에게 봉사하는 데 너무 헌신한 나머지, 정작 자신의 삶은 올이 다 빠져버린 직물처럼 되어버렸을지도 모른다.

나의 감정을 표현할 수 있는 용기를 가졌더라면

많은 사람들은 다른 이들과 평화로운 관계를 유지하기 위해 자신의 솔직한 감정을 억누르고 살아왔다는 것을 깨닫는다. 결과적으로 그들은 평범한 삶에 안주하게 되었고, 결코 온전한 자기 자신이 되지 못했다.

친구들과 계속 연락을 했더라면

나이 든 사람들은 우정의 잠재적인 풍요로움을 너무 늦게 깨닫기도 한다. 그들은 자신의 삶과 걱정에만 몰두하여, 친구들에게 시간과 노력을 충분히 쏟지 않음으로써 친구들을 떠나가게 만들었다.

내가 더 행복할 수 있었더라면

어떤 사람들은 행복이 선택이라는 것을 너무나 늦게 깨닫는다. 그들은 마음속 깊은 곳에서 진정으로 웃고, 좀 더 자유롭게 움직이며, 심지어 자신의 삶에 약간의 어리석음은 괜찮다고 여기면서도, 자신감 부족과 변화에 대한 두려움 때문에 그저 제한된 삶의 방식에 만족하고 있는 것처럼 행동했을 수 있다. 앞에서 인용한 "할머니가 되면 난 보라색 옷을 입을 거야. 어울리지 않는 빨간 모자도 쓰고"라는 제니 조셉의 시는 우리 각자의 충족되지 못한 무언가를 말해주는 것은 아닐까?

기도 안에 머무르며

당신이 가장 후회하는 것은 무엇인가? 당신이 알아차리기만 한다면, 그 후회 속에는 치유를 가능하게 해주는 메시지가 담겨있다. 동반자이신 예수님과 함께 지금까지 살아온 당신 삶의 여정에서 후회되는 일들을 나눠보라. 그분은 귀 기울여 들으시고 이렇게 말씀하신다. "어쩌면 너는 많은 일에 바쁘고 산만해진 베타니아의 마르타처럼 내달리는 삶을 살았구나. 물론 그 일도 좋은 일이긴 하지. 하지만 네게 즐거움을 준 것은 무엇이었는지 잠시 살펴보는 건 어떨까? '고생하며 무거운 짐을 진 너희는 모두 나에게 오너라. 내가 너희에게 안식을 주겠다'(마태 11,28)라는 나의 초대를 명심하렴." 당신은 이렇게 말할지도 모르겠다. "주님 정작 당신의 삶은 너무나 짧고 비참하게 끝나버렸습니다. 아무런 후회도 없으신가요?" 대화가 어떻게 진행되는가? 당신 마음속에 예기치 않은 평화가 스며드는 게 느껴진다면 감사드려라!

용서하는
마음을 주소서

아직 마무리되지 않은 일

가르치는 능력이 뛰어났던 마이클 수사는 많은 사람들에게 인기가 있었고 수도회에서도 책임 있는 자리를 맡고 있었다. 그러나 그는 동료인 알렉스 수사와 사이가 매우 안 좋았다. 그들은 수년간 학교를 함께 운영했지만, 사소한 일에서뿐만 아니라 교육정책이나 직원 고과 등과 같은 주요한 사안에서도 강하게 의견 충돌을 일으켰다. 또한 수도회 모임이나 축하식, 장례식에서도 서로를 피하려 했다. 그렇게 몇 년의 시간이 흘렀다.

그러다 마이클이 위독하다는 소식이 들려왔다. 알렉스는

그의 어려운 처지를 전해 듣고 약간의 만족감을 느끼는 자신을 보고 충격을 받았다. 은퇴 후 자신이 원했던 것 이상으로 여유가 많았던 그는 마이클과의 관계가 안 좋아진 데 대해 성찰할 시간이 충분했다. 점차 그의 독선적인 생각이 무너지면서 자신이 동요되고 불안해지는 것을 느꼈다. 기도할 때마다, 마치 텔레비전이 꺼지듯이 어둠 속으로 사라져 버리는 마이클의 모습이 머릿속에 떠올랐다. 오랫동안 쌓였던 분노와 상처들이 되살아나고, 마이클이 때로는, 어쩌면 대부분의 경우 옳았을지도 모른다는 원치 않는 통찰력이 그를 괴롭히기 시작했다.

알렉스는 내적 전쟁에서 길을 잃고 지내다 어느 날 미사에서 사제가, 성 이냐시오가 회심 당시 스스로에게 던졌던 질문 곧 '나는 그리스도를 위해 무엇을 해야 하는가?'에 대해 언급하는 것을 들었다. 그는 아주 명석하게 자신이 무엇을 해야 하는지 깨달았다. 미사가 끝나자마자 그는 차를 몰고 요양 센터로 가서 곧장 기도실로 들어간 뒤, 오랫동안 해오던 가장 순수한 기도를 바쳤다. '하느님 저희 모두에게 자비를 베푸소서!' 알렉스가 병실로 들어갔을 때, 마이클의 야윈 얼굴에 두려움이 역력했다. 그는 마이클의 앙상한 손을 잡고 이렇게 말했다. "마이클, 난 여기 와야만 했어. 하느님께서 우리 두 사람 모두를 애처롭게 여기실 거야!" 그들은 눈물을 흘리며 서로를 보았다. 각자 자신이 용서받고 받아들여졌다는 것을 알았다. 며칠 뒤 마이클은 하느님 품으로 돌아갔다.

그들을 용서하소서

혹시 당신이 용서할 수 없는 사람이 있는가? 누군가 당신에게 준 상처를 곰곰이 생각해 볼 시간은 아직 많다. 당신 자신에게 친절하라. 용서하려는 마음만 있어도 지금으로서는 그걸로 충분하다. 인간의 역사는 폭력의 역사다. 다른 사람들이 우리에게 끔찍한 상처를 입힐 수 있고, 그들을 용서하는 것은 우리 능력 밖의 일일지도 모른다. 가족이 나치에 의해 몰살당한 유다인이 어떻게 홀로코스트(대학살) 책임자들을 용서할 수 있겠는가? 우리가 할 수 있는 일은 용서하고자 하는 힘을 달라고 기도하는 것이다. 용서는 깊은 연민을 요구하며, 알렉스 수사처럼 오랜 시간이 걸릴 수도 있다. 두 수사의 이야기처럼 용서하고 싶지만 이를 말로 표현하기가 어렵다면,

눈빛이나 악수만으로도 서로의 마음을 녹일 수 있다.

용서하는 사랑

만약 우리가 모든 것을 마음대로 하게 된다면, 용서는 더욱 어려워질 것이다. 그러나 우리는 어둠 속에 버려지지 않았다. 하느님은 우리가 당신처럼 무한히 용서하기를 원하신다. 하느님은 우리에게 순수하고 역동적인 사랑으로 드러나신다. '되찾은 아들의 비유'에서 유산을 챙겨 떠났다가 돌아온 작은 아들은 꾸중을 듣거나 벌을 받지 않았다. 조건부 용서나 고해성사를 요구받지도 않았다. 그 비유를 들은 사람들은 아버지가 미쳤다고 생각했을 것이다. 정의 편에 있는 사람들은 아버지가 자존심도 없다고 말할 것이다. 그러나 하느님이 바로 그런 분이시다. 하느님께서 용서하시는 태도는 우리가 따라야 하는 표지다. 은총을 통해 조건 없이 용서하는 단계에 이르기 전까지, 우리는 아직 하느님과 함께하는 기쁨을 온전히 누릴 수 없다.

용서하는 사랑은 이 비참한 세상에서 가장 중요한 핵심이다. 이는 우리에게 희망을 주고 우리가 도달해야 하는 이상을 제시해 준다. 앞에서 얘기한, 하느님이 지니신 사랑의 본질은 곧 하느님은 아가페, 비교할 수 없는 차원의 사랑이시다. 그 사랑은 거부를 당할지라도 순수하고 타인을 지향하며 끊임없이 자기를 내어준다. 그 사랑은 인간의 악에 의해서 방해받지 않고 조건이나 상황에 구애받지도 않는다! 용서는 하느님의 사랑과 같은 숭고한 것이다. 하느님은 화해의 하느님이시고, 하느님의 나라는 화해가 이루어지는 공동체다. 마지막 혼인 잔치에 대한 성삼위의 꿈은 성삼위 하느님이 모든 하객들에게 기쁘게 웃을 때 그들 역시 서로를 바라보며 웃는 것이다. 거룩하신 삼위께서는 이를 위해 끊임없이 일하시고, 천천히 아주 천천히 우리를 당신께로 이끌어 가신다.

예수님의 사랑

예수님께서 몸소 보여주신 숭고한 용서가 없었다면, 앞에서 말한 비유는 그저 희망 섞인 생각으로 폄하될 것이다. 신약성경에 대해서 아무것도 모르는 사람은 이렇게 말할지도 모른다. "하느님의 용서하시는 사랑에 대한 이런 이야기들은 지나치게 열성적인 믿음의 산물일 뿐이다. 당신은 자신이 진실이라고 믿고 싶은 것을 말한다. 우리 모두는 용서를 잘해 주시는 하느님을 바라지 않는가? 하지만 당신은 하느님이 그런 분이시라고 증명할 수 없다!" 당신은 신앙에 대해 회의적인 친구에게 무엇을 증거로서 받아들이고 싶은지 물어볼 수도 있다. 그가 이렇게 말한다고 가정해 보자. "만약 너의 하느님이 우리처럼 나약한 인간의 모습으로 세상에 와서, 남들에게 괴롭힘을 당하고 고통받고, 그럼에도 불구하고 그들을 용서하고, 심지어 죽음 이후에 다시 돌아와서 자비를 베푼다면, 그때는 내가 믿을 수 있을지도 모르지."

이것은 당연히 그리스도교 신앙이 믿는 모든 것이기도 하다. 우리는 성부를 아주 잘 알지 못하지만, 성부께서 어떤 분이신지 우리에게 완전히 드러내 주신 성자를 안다.(요한 1,18 참조) 성자께서는 아버지의 완벽한 이미지다. 그분은 성부가 어떤 분이시고 우리에 대해 어떻게 느끼시는지 정확하게 알고 계신다. 우리가 앞서 언급했듯이, 되찾은 아들의 비유에서 예수님은 성부의 용서가 가진 놀라운 본질을 우리에게 보여주신다. 거기에는 어떠한 질책도, 비난도, 벌도 없다. 아버지는 전적으로 용서하시고, 아들의 잃어버린 권위를 아낌없이 회복시켜 주신다. 아버지의 기쁨은 아들이 돌아왔다는 것, 그것뿐이다. 예수님은 하느님의 사랑을 말로만 드러내지 않으시고, 수난의 고통 가운데 용서하는 사랑을 실천하심으로써 드러내신다. 그분의 수난은 용서를 통해 우리를 위한 구원이자 충만한 은총이며 해방이 된다. 그렇지 않다면, 예수님의 죽음은 그분 곁에 있던 두 강도들의 죽음과 다를 바 없을 것이다. 아버지와 아들(성부와 성자)은 이렇게 말씀하실 수 있게 되었다. "이제 사람들은 우리가 어떠한 잘못도 묻지 않는다는 것을 알게 되겠지. 이것이 바로 그들이 듣고 싶어 하는 말일 거야. 이제 그들은 안심하고 우리에게 돌아올 수 있겠구나!"

그분이 나를 보고 계시네

이 모든 것에 비추어 볼 때, 우리는 이렇게 말할 수 있다. "정말 굉장하구나! 하느님이 그런 분이시라니 너무나 위로가 돼! 아직 나에게도 희망이 있어!" 그리고 실제로 희망은 있다. 문제는 예수님께서 우리가 당신을 닮아가기를 원하신다는 점이다. 우리는 아직 충만한 사랑에 이르지 못한 사람들을 위해 무한한 연민을 가져야 한다. 하느님은 당신이 꿈꾸시는 화해의 공동체를 이루는 데 우리가 각자 맡은 역할을 해주기를 바라신다. 성대한 혼인 잔치는 만약 손님들이 서로 용서하지 않으면 슬픈 일이 되고 말 것이다. 따라서 우리에 대한 하느님의 사랑이 용서하시는 사랑이라면, 다른 이들에 대한 우리의 사랑도 그래야 한다. 하느님은 우리에게 잘못한 이들을 우리가 용서하기를 원하시고, 우리의 완고한 마음이 움직일 때까지 계속 흔드신다. 우리가 용서하면 하늘에서 큰 기쁨이 있을 것이고, 그렇지 않다면 하느님은 우리가 그분의 작품으로 드러날 수 있기까지, 우리 안에서 더 많은 일을 하실 것이다. 그러고 나서야 우리는 모든 하객들에게 소개될 것이다. 만일 당신이 기도할 수 없었던 순간을 돌아본다면, 아마도 누군가에게, 심지어 하느님에게까지 분노를 가지고 있었기 때문이라는 사실을 알게 될지 모른다! 분노가 제대로 다루어지지 않는다면 정상적인 관계란 불가능하다!

기도 안에 머무르며

홀로코스트 당시 아우슈비츠에서 희생된 한 유다인의 특별한 기도를 통해, 당신이 감사하는 마음을 가질 수 있도록 예수님께 도움을 청해보자.

주님, 당신 영광에 들어가실 때,
선의를 가진 사람들만 기억하지 마소서.
악의를 가진 자들도 기억해 주소서.
그들의 잔혹함과 그들의 폭력을 기억하지 마소서.
대신 그들이 우리에게 저지른 일로
우리가 맺은 열매를 보아주소서.
누군가의 인내와 또 다른 이들의 용기를 기억해 주소서.
그들이 우리에게 일깨워 준
영혼의 동지애, 겸손, 충실함, 위대함을 기억하소서.
주님, 우리가 맺은 열매가
언젠가 그들의 구원에 도움이 되게 하소서.

잠시 조용히 성찰한 뒤에 당신은 이렇게 기도할지도 모른다.

"주님, 제가 당신의 일과 당신 사랑의 흐름을 막는 사람이 되지 않게 해주십시오. 제가 원망의 감정을 흘려보낼 수 있게 도와주십시오. 저에게 상처를 준 사람들을 용서함으로써 지금 여기서 더 친절한 세상을 만들 수 있게 도와주십시오. 저에게 용서하는 마음을 주십시오."

다시 침묵 가운데 머물러 있자. 예수님이 당신에게 무슨 말씀을 하시는가?

내려놓는 기술

나중에 이해하게 될 거야

한 친구가 감당하기 힘든 어려움을 한꺼번에 겪으면서, "만약 누군가 내려놓는 것에 대해 나에게 다시 말한다면, 난 놓아버릴 거야. 정말 놓아버리고 말 거야"라고 나에게 말했다. 우리도 종종 이런 기분을 느낀다. 활동의 자유로움, 지위, 일, 건강, 집, 자유를 포기하는 것은 고민 없이 할 수 있는 게 아니다. 나이 듦의 영성에서, 우리는 내려놓아야 하는 고통스러운 현실을 어느 정도 이해하려고 노력해야 한다.

내려놓기에 있어 우리가 흔히 할 수 있는 한 가지 오해는, 하느님이 단지 '좋은' 분이라고만 생각하는 것이다. 물론 하느님은 좋은 분이시지만 도전적 상황이나 불공평하다고 느끼는 경우를 허락하신다. 어렸을 때 하느님에 대해 갖고 있던 이미지, 곧 원하는 것은 모두 주시고, 자신과 사랑하는 이들을 항상 안전하고 행복하게 해주는 산타클로스와 같은 하느님의 이미지는 이제 놓아버릴 수밖에 없다.

하느님은 신성한 계획에 따라 일을 하신다. 그 계획은 사랑 안에서 우리가 성장하는 것이지, 인간의 기준에 의해 측정되는 제한된 사랑에 그치는 것이 아니다. 우리의 사랑은 하느님의 사랑을 닮아야 하기에, 결코 쉽지 않다. 우리는 하느님처럼 되어야 한다. 하느님은 신성한 목적을 성취하시기 위해 우리 삶의 모든 것을 활용하시며, 특히 다른 이들의 개입을 활용하신다. 예를 들어, 나에게 가장 큰 고통을 주었던 사람들은 내가 마음을 열도록 가장 많이 도와준 사람들이 될 수 있다. 당시에는 화가 났지만, 이제는 그들에게 감사한 마음을 가질 수 있다. 하느님은 고통과 악을 야기하시는 분이 아니라, 그것으로부터 좋은 것을 끌어내신다. 하느님은 우리의 선익을 위하여 내면으로부터 악을 변화시키신다.

우리는 이따금 이러한 일이 발생하는 것을 보기도 하지만, 대부분의 경우에는 보지 못한다. 이런 일이 발생할 때는 재앙으로 여겨지던 그 일이 나중에는 가치 있는 것으로 변화될 수 있다. 나는 이 패턴을 나의 삶에서의 작은 방식으로 확인할 수 있으며 당신도 그렇게 할 수 있다. 한 가지 예로, 젊은 예수회원이었을 때 나는 당시 좋아했던 영어와 역사보다는 대학에서 라틴어와 아일랜드어를 공부하게 되었다. 그러나 이를 계기로 아일랜드어를 사용하는 학교에 파견되었고, 그곳은 가르치기에 너무나 즐거운 장소였다. 대학에서는 사후세계에 대한 초기 아일랜드인들의 관점에 대한 논문을 쓸 수 있었고, 점차 이것은 다가올 세상에 대한 그리스도인의 비전에 관심을 갖도록 이끌어 주었다. 또 다른 사례로, 나는 관절염으로 인해 한때 중요한 직책에서 배제된 적이 있었다. 당시에는 너무 화가 났고 굴욕감을 느꼈지만, 그 일이 나에게 맞지 않았을 것이라는 사실을 나중에 알게 되었다. 그 뒤, 형수님이 스스로 죽음을 선택한 일이 있었는데 너무나 가슴이 아팠지만, 이를 통해 비슷하게 사별을 경험한 사람들과 연대할 수 있었다.

"내가 하는 일을 네가 지금은 알지 못하지만 나중에는 깨닫게 될 것이다."(요한 13,7) 예수님은 베드로에게 이렇게 말씀하셨다. 왜냐하면 베드로는 스승이 자신의 발을 씻어주시려는 종의 역할을 못 하게 하였기 때문이다. 이것이 우리 삶의 기본적인 리듬이다. 종종 우리는 베드로처럼 그 당시에는 사안의 핵심을 보지 못하지만, 나중에 성찰하면서 어떻게 그것들이 딱 들어맞는지 경험하게 된다. 지금은 알지 못해도 나중에 이해되는 일이 많다는 것을 우리가 깨닫게 될수록 '놓아버리고 하느님께 맡기는' 것은 더욱 쉬워지고, 하느님과 함께라면 진정 불가능한 일이 없음을 받아들이게 된다.

'와우!'의 순간들

나는 가끔 관상 수녀회 소속의 친구 수녀님과 이야기를 나눈다. 그 수녀님은 대화 중에 이따금 조용하게 '와우!' 하고 반응한다. 그 수녀님의 '와우!'는 어떤 문제가 놀랄 만큼 잘 해결되었을 때 "주님, 정말 잘하셨어요!"라고 말하는 것 같다. 또 다른 때는 "주님, 당신께 맡깁니다!"라는 의미로, 지금 일어나는 일의 완전한 신비로움을 시인하는 것이기도 하다.

다른 방식으로, 수녀님의 감탄은 인간의 일과 하느님의 세계 사이에서 감지되는 연결 고리를 암시한다. 좋은 일이든 나쁜 일이든 간에, 하느님께서 모든 것 안에서 일하고 계신다는 자신의 믿음을 표현하는 방식이다. 이러한 확신으로 수녀님은 삶의 흐름을 쉽게 따라갈 수 있는 것이다. 수녀님에게 삶이란 그저 기쁘고 고통스럽고 지겨운 것들의 묶음이 아니다. 오히려 삶은 모든 것을 포용하는 교향곡이며, 그 안에 깔린 멜로디를 지속적으로 배우고 있는 것이다. 이런 사람들을 알게 되는 것은 도움이 된다. 삶이 점점 허물어지는 것처럼 보일 때 그들은 우리에게 긍정적인 메시지를 던져준다.

건강을 내려놓기

공동체의 한 회원이 암으로 석 달간 투병한 끝에 세상을 떠났는데, 그는 마지막까지 손에서 일을 놓지 않았다. 어느 날, 병도 건강 못지않은 선물이라는 성 이냐시오의 말씀을 어떻게 생각하는지 그에게 물었다. 그는 창밖을 바라보고는 "뭐라고? 어디 한번 직접 경험해 봐"라고 말했다. 그것으로 대화는 중단되었고, 그는 끝없이 쌓여가는 버거운 일을 다시 해나갔다. 나는 때로 병이나 수술, 건강이 좋지 않았던 시간들이 나에게 좋은 영향을 가져다주었다는 사실을 점차 깨닫게 되었다. 그 일들은 내가 더 나은 관점을 가지도록 도와주었고, 내달리기만 하던 나를 멈추게 함으로써 다른 이들이 경험하는 것에 대해 좀 더 민감하게 반응할 수 있도록 해주었다. 「준주성범」에서 토마스 아 켐피스Thomas à Kempis는 병에 의해서 향상될 수 있는 것은 거의 없다고 하였지만, 나는 많은 이들이 질병과 노화를 견디면서 인내심을 꽃피우는 모습에 항상 놀라워했다. 내려놓는 것은 끝이 없지만, 체념과 수용, 내적 평화, 용기 혹은 빛 등이 그 자리를 대체한다. 성 바오로는 "우리의 외적 인간은 쇠퇴해 가더라도 우리의 내적 인간은 나날이 새로워집니다"(2코린 4,16)라고 말했다. 나이가 들고 싶지 않다는 바람을 놓아버릴 수 있다면, 당신은 계속 이루어져야 하는 내적 성장에 초점을 맞출 수 있다.

우리는 더 좋은 것을 받기 위해 놓아주는 리듬을 수용하도록 초대받는다. 이 리듬은 나이가 들수록 더욱 강렬해지지만, 사실 원래부터 우리 삶의 본질적인 특징이었다. 우리가 태어나기를 원했던 것은 아니지만, 출생 이후의 삶은 엄마 뱃속에서의 삶보다 훨씬 더 낫다. 아동기는 행복한 시절이지만, 십 대의 시기를 즐기려면 이를 놓아주어야 한다. 그리고 십

대의 자유는 성인의 삶이 갖는 책임감에 자리를 내주어야 한다. 결혼과 양육은 내가 하고 싶은 일을 놓아버리게 하지만, (배우자와의) 관계가 좋다면 그만큼 보람도 크다. 이제 우리는 늙어가지만 그 과정은 지속된다. 최고의 순간은 아직 오지 않았다. 그 순간은 바로 무한한 행복 그 자체이신 하느님이다. 그분은 우리가 '하느님'이라는 가장 좋은 선물을 받을 수 있도록 우리 내면의 공간을 계속해서 깨끗이 비워내신다.

비움

예수님의 수난사를 묵상할 때, 우리는 인류 역사의 놀라운 순간으로 들어가게 된다. 여기서 하느님은 가장 멋지게 일하시고, 인간의 극단적인 악에서도 좋은 것을 이끌어 내신다. 예수님 안에서 일어난 이 일을 그분의 자기 비움, 곧 '케노시스'(필리 2,6-11 참조)라고 부른다. 그분은 먼저 인간이 되심으로써, 그다음에는 끔찍한 죽음을 받아들임으로써 자신을 비우기로 선택하셨다. 우리는 겟세마니 동산에서 그분이 괴로움과 두려움을 견디며, 신뢰하는 마음으로 모든 것을 성부의 뜻에 맡기려고 얼마나 애쓰셨는지 엿볼 수 있다. 그분은 내려놓음에 대한 모든 것을 아신다. 부활은 그분의 보상이자 우리 모두에게 구원을 가져다주었다.

예수님의 모습은 우리 삶 안에서도 반복되어야 한다. 노년의 비움은 죽음이라는 완전한 내려놓음에서 절정을 이룬다. 이 고통스러운 과정은 선택하는 것이 아니다. 그저 인내할 뿐이다. 이것은 약해지거나, 소외되거나 귀찮은 존재로 여겨지는 것을 선택하는 것이 아니다. 또한 치매나 정신 이상, 또는 유전적인 질병을 선택하는 것도 아니다. 우리의 비움은 바깥에서부터 시작되는 반면, 예수님의 비움은 안으로부터 자유롭게 선택된 것이다. 우리에게 나쁜 일들이 생기는 것을 피할 수는 없다. 우리는 예수님께서 당신의 벗 베드로에게 "네가 젊었을 때에는 스스로 허리띠를 매고 원하는 곳으로 다녔다. 그러나 늙어서는 네가 두 팔을 벌리면 다른 이들이 너에게 허리띠를 매어주고서, 네가 원하지 않는 곳으로 데려갈 것이다"(요한 21,18)라고 하신 경고를 알고 있다. 우리 모두가 그렇듯이, 베드로 역시 죽음의 방법을 스스로 선택할 수 없었다. 전통에 따르면 베드로가 십자가에 거꾸로 매달렸다고 전하는데, 우리가 죽음을 맞이하는 방식도 우리 자신이 선택하고 싶은 것과는 정반대일 수 있다. ‘케노시스’는 우리가 동의하건 안 하건 간에 냉정하게 이루어질 것이다. 그러나 우리는 그 안에서 각자의 역할을 해야 한다. 나이 듦을 우아하게 받아들이든지, 아니면 격렬하게 거부하든지 결정해야 하는 것이다. 우리는 노년과 죽음을 긍정적이고 진취적이며 사랑의 선택으로 바꿀 수 있다. “주님, 저에게 무엇이 주어지든지 받아들이겠습니다!”라는 것이 우리의 기도가 되어야 한다.

이것이 은총의 길이자 예수님이 택하신 길이다. 건강하게 나이 드는 영성의 핵심은 바로 여기에 있다. 먼저, 우리에게서 나온 것을 내려놓고, 비어있는 자신을 채우려 하기보다는 새롭게 다시 무언가가 우리 안에서 자라나기 시작할 때까지 그대로 두는 것이다. 그러고 나면 삶의 새로운 싹을 키워야 할 때가 온다. 친구 가운데 한 부부는 자신들의 첫아이가 난치성 시각장애를 가졌다는 것을 알게 되면서 그 아이에 대한 자신들의 기대를 내려놓아야 했다. 나에게 놀라운 것은 이들이 그 현실을 어떻게 받아들였으며, 어떻게 그들 안에서 새롭고 깊은 사랑이 성장하게 되었느냐는 것이다. 그 아이는 부모를 볼 수 없고 손가락으로 부모의 얼굴을 읽을 뿐이지만, 그것으로 충분했다.

기도 안에 머무르며

편안한 공간에서 예수님과 마주 앉아, 나는 지난 몇 년간 내려놓아야 했던 일들을 되돌아본다. 이것은 시간이 걸리는 일이다. 하나는 또 다른 것과 연결되어 있기에 모든 것은 존중하는 마음으로 살펴야 한다. 나는 이렇게 기도한다.

"주님, 이렇게 놓아줌으로써 얼마나 좋은 일들이 일어났는지 제가 볼 수 있게 해주십시오. 저에게서 가져가신 것에 대해 더욱 감사하는 마음을 갖도록 해주십시오. 제가 몇 안 되는 친구들에게 고통의 원인이 되지 않게 해주십시오. 또한 부정적인 사람이 되지 않게 하시고 당신 자신으로 채우기 위해 저를 비우시어 제가 희망의 상징이 되게 해주십시오. 당신께서 저희 안에 있는 신성하지 못한 것을 없애주실 것이라는 믿음을 증거하게 해주십시오. 빈 물그릇 같은 저의 삶을 채워주시고, 물을 포도주로 변화시켜 주십시오."

그분은 나의 손을 잡고 나의 눈을 바라보며 응답하신다. 나는 온 마음을 다해 귀 기울여 듣는다.

하느님은 아주
가까이 계신다

하느님이 사라지시다

나는 하느님이 가까이 계신다는 감각을 잃어버렸다. 몇 년 전만 해도 하느님이 내 옆에 계신다고 느끼곤 했다. 첫아이를 낳았을 때 몇 시간이고 품에 안고 있던 기억이 난다. 아기를 내 사랑 안에 품고 있다고 느끼는 것처럼, 나도 하느님의 사랑 안에 있다고 느꼈다. 그러나 지금은 완전히 사라져 버렸다. 이제 내 삶에는 사랑이 별로 없다. 남편은 세상을 떠났고, 아이들은 결혼해서 멀리 살고 있는 데다, 몇 명 안 남은 친구들만이 이따금 나를 찾아올 뿐이다. 과연 하느님은 어디에 계시는가?

많은 노인들이 하느님이 멀리 계시는 듯한 느낌을 경험한다. 마치 문 앞에 '부재중'이라는 표시가 붙어있는 것처럼, 그들은 하느님께서 구름 뒤나 다른 곳으로 가버리셨다고 느낀다. 당신 역시 삶이 어렵다고 느끼며, 당신의 기도가 응답받지 못한다고 생각한다. 당신이 너무 많은 것을 바라서가 아니라, 그저 따뜻한 한 줄기 햇살이나 위로의 포옹만이라도 허락해 주시기를, 혹은 당신을 괴롭히는 어려움들이 조금이라도 누그러지기를 바라는 마음이었기 때문이다. 몇 년 전, 잠시 소말리아에 머물렀을 때, 나는 그곳에서 일하던 미국인 의사를 알게 되었다. 매일 아침 5시가 되면 그의 작은 진료소 앞에는 긴 줄이 늘어섰다. 대부분이 녹내장 환자였다. 그는 자신이 아무리 빨리 진료를 해도 그 많은 환자들을 감당할 수 없다고 말했다. 나는 '왜 하느님은 매일 줄 지어 선 모든 사람들을 한 번에 낫게 해주지 않으실까? 눈먼 사람들이 다시 보게 되는 하느님의 나라가 오는 것을 왜 더 서두르지 않으실까?'라고 생각하곤 했다. 우리는 종종 이런 상황에서도 하느님을 포기하지 않고 계속 그분을 찾는다는 '이상한' 사실에 대해 이야기하곤 했다. 그러면서 그분은 정말 신비로운 분이시라고 말하면서도, 가끔 기도를 들어주시지 않는다고 불평을 늘어놓았다. 그러나 결국 마지막에는, 하느님께서 당신 자신을 아주 잘 아신다는 것, 그리고 그분의 침묵에는 우리를 위한 교훈이 있을지도 모른다는 것을 믿는 것 외에는 딱히 다른 대안이 없다는 데 서로 동의했다.

어둔 밤

신비가들이 말하는 '어둔 밤'은 당신 내면의 공간에도 생겨날 수 있고, 하느님과 당신의 관계 안에서도 생길 수 있다. 먼저 황혼이 오고, 이어서 밤이 오며, 다음으로 어둔 밤이 온다. 하느님이 가까이에서 돌보고 계신다는 무한한 신뢰 같은 익숙한 이정표들이 사라진다. 심각한 질병, 비극적인 사건 혹은 우울증처럼 뚜렷한 원인 없이도 당신은 어둔 밤 속에 있는 자신을 발견할 수 있다. 노화 과정은 당신을 슬픔, 어려움, 약해짐, 기능 상실, 믿었던 친구의 죽음, 고립, 타인에 대한 의존, 그리고 개인적인 무의미함에 빠지게 할 수 있다.

선의의 친구들은 하느님이 명백히 부재한 이 경험에서 당신을 벗어나게 해주려고 할 수 있다. 그러나 어둔 밤은 치료

받아야 할 질병이 아니다. 그것은 암에 걸렸을 때 건강을 찾기 위해 필요한 항암 치료와 같은 것이다. 그것은 정화의 시간으로서 하느님을 향한 순수한 믿음과 신뢰를 위한 시간이다. 하느님은 진정 우리와 함께 계시지만, 어둠 속에 계시기에 우리는 그분을 볼 수 없다.

마음 이식

하느님은 무엇을 하시는가? 하느님이 하시는 일은 우리가 사랑 안에서 성장하도록 하는 것이다. 이것이 우리의 주제다. 이 일은 우리에게 고통스럽다. 이는 우리의 작은 마음을 한계점까지 팽창시키고, 하느님으로 가득 채우기 위해 우리의 영혼을 비우는 것이기 때문이다. 하느님으로 채워진다는 것은 하느님의 사랑으로 살아있다는 의미이고, 그런 하느님의 사랑은 무한하고 순수하며 타인 지향적 선의인 아가페적 사랑 안에서 찾아볼 수 있다. 우리 마음의 확장은 여러 차원에서 일어나야 한다. 여기서 중요한 질문들이 생겨난다. 나는 얼마나 하느님을 신뢰하는가? 나는 하느님께서 우리 모두를 아무

조건 없이 사랑하신다고 믿는가? 나는 나 자신과 다른 사람들을 위한 무조건적 사랑 안에서 성장하고 있는가? 나는 쉽게 사랑할 수 없는 사람들을 위해 내 마음에 자리를 마련하고 있는가? 그들의 삶이 아무리 초라할지라도, 나는 그들 모두의 안녕을 바라고 있는가? 내가 경멸하는 사람들을 위해 기도하는가?

이웃을 우리 자신처럼 사랑하기 위해서라도 급진적인 수술이 우리 안에서 요구된다. 앞에서 우리는 마음의 확장이 필요하다고 말했지만, 어쩌면 '마음 이식'이 필요할지도 모른다! 이것은 우리가 그리스도인임을 설명해 줄 수 있는가? 진정한 그리스도인은 마음을 이식한 사람들이다. 그들은 하느님께 얼마나 무한한 사랑을 받고 있는지 알고 있기에, 이제 모든 이들을 자신처럼 온전히 사랑하기 위해 노력한다. 성 바오로는 누구든지 그리스도께 사로잡힐 때 "새 창조"(갈라 6,15)가 이루어진다고 말한다. 바로 마음이 새롭게 창조되어야 한다.

우리가 그 과정을 어떻게 상상하든지 간에 하느님의 일은 침투력이 있으면서도 혼란스러운 절차이다. 우리는 편안한 확실성에서 벗어나 급진적으로 변화될 것을 요구받는다. 그것은 '나는 기본적으로 좋은 사람이고, 친구들을 사랑하며, 누군가를 위해 삶을 어렵게 만들려 하지 않고, 계명을 지키고, 미사에 절대 빠지지 않는다. 나 자신에게 타당하다고 생각되는 이 모든 것들은 내가 이름을 댈 수 있는 많은 다른 사람들이 생각하는 것보다 더 중요한 것이다!'라고 말하고 있는 게 아니다. 내가 감히 하느님께 이 모든 것을 말씀드린다면, 그분께서는 이렇게 말씀하실 것이다.

그래, 이건 좋은 출발 지점이 되겠구나. 이제 나는 너를 훈련시킬 텐데, 너는 네 주변에 있는 모든 사람과 선, 악, 추함까지도 사랑할 수 있게 될 것이다! 나는 단지 선한 사람들을 사랑하고 나쁜 사람들을 참는 것이 아니란다. 나는 그들 모두를 사랑한다. 나는 그들이 안녕하기를 바라고, 그들을 사랑 안에서 성장시켜 줄 수 있는 모든 것을 한단다. 나는 너의 사랑과 관심 안에 이 못마땅한 형제들과 자매들도 포함시키기를 바란다. 너는 아브라함이 곧 멸망하게 될 소돔 도시에서 자격 없는 죄인들을 위해 탄원했던 일을 기억하느냐?(창세 18,23-33 참조) 내가 그를 부추겼다! 나는 모든 이들을 구하고 집으로 데려오기를 원하지만 인간의 도움이 필요하다. 사랑에 실패한 이는 누구나 나의 걱정거리이며, 나의 걱정은 또한 너의 걱정이어야 한단다! 이것이 너와 나를 완전한 조화로 이끌어 줄 것이다. 이러한 사랑에 대해 좀 더 자세히 알려주마. 그것은 내적인 일, 곧 마음의 일이란다!

그리고 대화는 이어질 것이다. 혹은 당신이 이 지점에서 할 말이 없게 되어, 하느님의 독백이 이어질 수도 있겠다! 당신이 할 수 있는 것은 마치 의사가 수술할 준비를 하고 있을 때 동의하며 고개를 끄덕이는 것이다. 그 순간 당신이 깨닫게 되는 것은 주변에 마취과의사가 없다는 것이다!

당신이 그곳에 누워있을 때 당신의 정신은 이렇게 말한다. "이분은 내가 알고 있던 하느님이 아니야! 너무 힘든 분이야! 내 작은 세계는 내가 잘 해주는 사람들과 그렇지 않은 사람들, 착한 사람들과 그렇지 못한 사람들 사이에서 아주 깔끔하고 분명하게 구별되었어. 내가 다른 사람들의 실패에서 더 이상 달콤한 즐거움을 느낄 수 없게 된다면, 이제 더 말하고 다닐 것이 뭐가 있을까? 나는 할 말이 전혀 없어! 그리고 만약 하늘나라가, 내가 바람직하지 않다고 여기는 사람들로 가득하다면, 나는 과연 그 안에서 얼마나 편안해할 수 있을까?" 그러므로 나에게 부과된 요구가 내 마음을 불편하게 만들기 시작할 때, 내 삶에서 빛은 희미해진다.

아주 가까이 계시는 하느님

좋은 이미지는 하느님이 사라지신 게 아니라, 우리 안에서 열심히 일하고 계시다는 것을 우리가 믿도록 도와줄 수 있다. 여기에는 어둔 밤의 이미지가 도움이 된다. 우리가 더 이상 하느님을 볼 수 없음에도 불구하고, 하느님은 그곳에 숨어계신다. 시편 저자는 어머니 뱃속에서 우리를 빚으신 하느님의 친밀한 작업에 대해 말한다.(시편 139편 참조) 이 일은 여전히 지속되고 있으며, 우리는 하느님의 뱃속에서 조금씩 완전한 의미에 다가가고 있다. 모세는 히브리인들에게 하느님의 돌보심에 대해 이렇게 상기시켜 주었다. '너희는 마치 사람이 제 아들을 업고 다니듯, 주 너희 하느님께서 너희가 이곳에 다다를 때까지 걸어온 그 모든 길에서 줄곧 너희를 업고 다니시는 것을 광야에서 보았다. 너희가 천막을 칠 곳을 찾아주시려고, 또 너희가 갈 길을 보여주시려고, 밤에는 불 속에서, 낮에는 구름 속에서 앞장서 가신다.'(신명 1,31-33 참조) 하느님은 눈에 띄지 않게 돕는 지지자이시며 멀리서 지켜보시는 분이 아니라, 여행의 동반자이시다. 오직 하느님만이 약속된 땅으로 가는 길을 알고 계신다!

성 아우구스티노는 우리 안에 숨어계신 하느님이라는 문제를 다루며 이렇게 말했다. "하느님은 나 자신보다 나에게 더 가까이 계신다. 그분은 내 안에 계시지만, 나는 거기에 있지 않다." 하느님은 내 안에서부터 밖으로 일하시기 때문에, 나는 무슨 일이 일어나는지 볼 수 없다. 샤르댕은 하느님의 손길이라는 이미지를 활용한다. 하느님은 한 손으로 나를 조심스럽게 떠받쳐 주시고, 다른 손으로는 우주를 만들어 가신다. 비록 내가 무슨 일이 일어나는지 모른다 할지라도, 나는 안정된 상태에 있고 하느님의 계획에 따라 빚어지고 있다. 홉킨스는 하느님이 '호흡보다도 가까이, 손이나 발보다도 더 가까이' 계신다고 말한다. 얼마나 친밀하고 섬세한 표현인가! 머튼은 하느님께서 우리의 가장 깊은 곳에 계시고, 아주 가까이 은밀한 곳에서 우리의 삶을 만드신다고 말한다. 하느님과의 관계가 이러한 지점에 이르게 되면, 하느님은 사랑 안에서 우리를 성장시키기 위해 우리 삶의 좋고 나쁜 모든 것을 활용하셔서 우리 내면 깊은 곳에서부터 일을 해나가신다. 하느님의 이미지와 닮은 모습으로 만들어진다는 것은 출생과 동시에 끝나는 일이 아니다. 그것은 우리 일생에 걸쳐 계속되는 것이며, 우리가 사적인 문제를 내려놓고 하느님께 모든 것을 맡길 때, 삶의 마지막 노년기에 더욱 가속화된다. 우리는 이 급진적인 재복구의 과정을 어둔 밤이라고 부른다. 당신의 집이 다시 건축되고 있을 때 편안함을 느끼기란 어려운 법이다!

기도 안에 머무르며

예수님과 편안하게 함께 있을 때, 당신은 이렇게 말할 수 있겠다.

"제 안에서 당신이 하시려는 일을 제가 망치지 않게 해주십시오. '당신으로부터 모든 좋은 것이 오는'(야고 1,17 참조) 법이니, 제 삶의 선하고 행복한 모습을 당신이 하신 일로 깨닫게 해주십시오. 그리고 제 삶의 고통스러운 순간들 속에서 당신이 저를 비우시고 사랑으로 채워주시기 위해 일하고 계신다는 것을 믿게 해주십시오."

그분은 어떻게 응답하시는가?

돌보는 이들은
누가 보살피는가?

루스

나의 이모 넬리는 열정적인 댄서다. 1920년대에 벨파스트 출신의 밴드 리더와 사랑에 빠졌고, 결혼한 뒤 북부로 이주하였다. 이모부는 원래 장로교 신자였지만, 이모를 따라 가톨릭으로 개종하였다. 그는 '할랜드 앤드 울프' 조선소에서 일을 하였는데, 개종했다는 이유로 승진에서 배제되었고, 낮은 급여 수준에서 벗어나지 못했다. 그럼에도 불구하고 그들은 헌신적인 희생으로 딸들을 잘 키워냈다.

두 딸 가운데 캐틀린은 도미니코수녀회에 입회하고 나서 벨파스트에서 봉사하다가 은퇴 후 얼마 지나지 않아 암으로 세상을 떠났다. 루스는 회사를 다니면서 건강이 안 좋아진 부모님을 돌보는 데 자신의 모든 시간을 헌신하였다. 결국 부양에 대한 무게로 그녀는 직장을 그만두었고 결혼의 꿈도 내려놓게 되었다. 부모님이 돌아가신 후, 그녀는 새로운 일자리를 찾아보게 되었다. 하지만 그러기에는 자신의 몸이 약해져 있었고, 그녀를 돌봐줄 사람은 아무도 없었다. 이제 아흔이 넘은 루스는 거의 시력을 잃고 양로원에서 살고 있으며, 내가 이따금 방문하고 있을 뿐이다.

오래전부터 루스는 돌보는 일을 했다. 그녀의 이야기가 결코 특별한 것은 아니다. 루스처럼 많은 돌보는 이들은 자신에게 큰 희생이 따르더라도 친척이나 친구를 보살피기 위해서 항상 앞장설 것이다. 사회는 이제야 그들에게 빚졌다는 것을 깨닫기 시작했다. 혹시 당신도 누군가를 돌보고 있는가? 당신은 자신을 돌봐줄 누군가가 있을 만큼 운이 좋은 사람인가?

우리의 부모님, 혹은 부모 역할을 하고 계신 분들은 최우선적으로 자녀인 우리를 돌봐주시는 분들이다. 그들은 자녀가 태어나서부터 독립할 때까지 사랑으로 돌봐주신다. 당신이 결혼하게 되면, 당신과 배우자는 서로를 돌봐주게 된다. 의사와 간호사는 아픈 이들을 돌본다. 어쩌면 루스처럼 당신 역시 나이 드신 부모님을 돌보거나 자녀들의 부담을 덜어주기 위해 손주들을 돌봐줄지도 모르겠다. 돌봄은 인간의 삶과 그리스도인의 삶의 핵심이다. 하느님의 나라는 돌봄의 나라를 의미한다. 우리의 하느님은 돌보시는 분이며, 우리를 필요로 하는 사람들을 돕는 사명에 함께하도록 초대하신다.

은총의 전령

돌보는 이들을 위한 영성의 중요성은 충분히 인식되지 못하는 편이다. 그들을 지지하고 동기를 부여하려면, 어떤 내적 비전이 제시되어야 그들이 부담스러운 임무를 기쁘게 느낄 수 있을까? 그들은 하느님께서 자신에게 베푸시는 놀라운 사랑에 대해 깊이 생각해 봄으로써 도움을 받을 수 있다. 하느님께서 그들 안에서 기뻐하시고, 그들을 통해 당신의 연민과 사랑을 드러내고 싶어 하신다는 것을 아는 것은 그들에게 격려가 된다. 다음의 기도문은 아빌라의 성녀 데레사의 '돌보는 이들을 위한 찬가'다. 돌보는 사람들의 숭고한 역할을 강조하며, 그들은 하느님 계획의 중심에 있고, 돌봄을 받는 이들에게는 하느님의 축복이자, 겉모습은 평범하지만 하느님의 은총을 전하는 수호천사라는 깊은 의미를 담고 있다.

그리스도는 다른 몸을 갖고 계시지 않습니다.
당신의 몸밖에는.
당신의 손과 발 말고 다른 손과 발을 갖고 계시지 않습니다.
그분은 당신의 눈으로 이 세상을 연민으로 바라보십니다.
당신의 발은 그분이 선을 베풀고 다니시는 발이며,
당신의 손은 그분이 세상을 축복하시는 손입니다.
당신의 손이 그분의 손이고, 당신의 발이 그분의 발이며,
당신의 눈이 그분의 눈이니, 당신은 그분의 몸입니다.
그리스도는 이제 당신 말고 어떤 몸도 갖고 계시지 않으니
당신 외에는 이 세상에 어떠한 손도 어떠한 발도
갖고 계시지 않으며,
당신의 눈이야말로 그분이 이 세상을 연민으로 바라보시는
눈입니다.
그리스도는 이제 당신밖에는 이 세상에 어떤 몸도
갖고 계시지 않습니다.

성부, 성자, 성령의 성삼위는 돌보는 이들을 전적으로 지지하신다. 하느님은 무한히 그들을 사랑하신다. 성자께서는 그들에게 돌봄의 가장 위대한 모범을 보여주신다. "친구들을 위하여 목숨을 내놓는 것보다 더 큰 사랑은 없다"(요한 15,13)라고 하셨으니, 그들은 주님과 좋은 동반자 관계에 있다. 성령께서는 그들 안에서 자유로이 활동하신다. 그들이 받은 성령을 통해 하느님의 사랑이 그들 마음에 부어졌기 때문이다.(로마 5,5 참조) 돌보는 사람들은 홀로 일하지 않는다. 성삼위께서 그들과 함께하시고, 그들이 알든 모르든 영감을 불어넣어 주며 힘을 주신다. 그들이 자신의 힘만이 아니라, 하느님의 풍성한 은총을 신뢰할 수 있다는 사실을 안다면, 그들의 수고는 훨씬 더 큰 의미를 얻게 될 것이다.

하느님께 가까이

돌보는 사람들은 하느님과 가까이 있다. 그들은 예수님처럼 사랑을 통해 아버지가 어떤 분이신지를 드러낸다. 이는 엄청나게 부담되는 일이고 때로는 위로를 거의 느끼지 못할 수도 있다. 그리고 항상 자신이 돌보는 이들이 평안하기를 바라야 하며, 돌봄받는 이들이 힘들게 하거나 불친절하더라도 존중하고, 그들을 일로서가 아니라 '하느님께 사랑받는 이'(로마 1,7 참조)로서 대해야 한다. 돌보는 이들은 자신에게 부여된 요구 사항들을 사랑 안에서 성장시켜 주려는 하느님의 방법으로 바라본다면 도움이 될 것이다. 돌봄에는 하느님의 감사가 담겨있다. 주님께서는 이렇게 말씀하신다. '나는 네가 몰래 한 일들을 보았으니 너에게 보상을 하겠다. 내가 아플 때 네가 나를 돌보아 주었으니, 세상 창조 때부터 너를 위하여 준비된 나라를 차지하여라.'(마태 6,6; 25,34-36 참조)

예수님께도 당신을 돌봐준 이들이 있으셨다. 부모님, 그리고 나중에는 그분과 동행한 여인들이었다.(루카 8,3 참조) 베타니아에서는 마리아와 마르타가 자신들이 해야 할 일을 하였는데, 마리아는 예루살렘으로 향하시는 예수님의 발을 닦아드린 여인이었다.(요한 12,3 참조) 그분이 돌아가신 후, 선한 이들이 십자가에서 그분의 시신을 수습하여 조심스럽게 무덤에 안치하고 커다란 돌로 입구를 막았다. 부활 아침에 그분께 성유를 발라드리려고 서둘러 온 여인들이 있었다.(마르 16,1 참조) 예수님은 당신을 돌보는 이들에게 특별한 애정을 가지고 계셨음에 틀림없다! 자신들이 하느님의 아드님을 돌보고 있었다는 사실을 알게 되었을 때, 그들 마음에는 과연 어떤 움직임이 있었을까!

무엇이 보이는가?

영화 〈패치 아담스〉는 실화를 바탕으로 만들어진 작품이다. 주인공 로빈 윌리엄스는 나이 든 의대생을 연기했는데, 그가 정신과 환자들과의 관계를 형성하는 방식이 교수들의 분노를 자아냈다. 그는 환자들을 '사례들'로 다루지 않고 '사람'으로 보았다. 환자들의 (자주 기이한) 생각과 행동을 존중하였고, 그들에게 웃음을 선물했다. 환자들은 그에게서 자신들의 편이 되어줄 뿐만 아니라 생각도 이해해 주고 진심으로 함께해 주는 사람의 모습을 발견할 수 있었다. 영화의 실제 주인공인 학생은 이후 의료계에서 포기한 '까다로운' 환자들을 위해 돌봄 시설을 설립했다. 그는 겉모습 너머로 각 사람의 신비로운 내면을 보았다.

돌보는 사람들은 모든 환자를 하느님의 얼굴을 비추는 특별한 존재로, 신성한 신비로, 미완성된 주님의 예술 작품으로, 때가 되면 샛별처럼 환하게 빛날 사람으로 봄으로써 그들의 영성을 키워갈 수 있다.(필리 2,15; 2베드 1,19 참조) 돌보는 이들의 임무와 특권은 각 사람 안에서 일하시는 하느님을 존중하고, 그들 각자에게 주어지는 은총을 안내하는 역할을 하는 것이다. 이렇게 함으로써 돌보는 사람들은 스스로 하느님의 위대한 작품이 된다. 이들은 종종 "내가 환자들에게 주는 것보다 받는 게 더 많다"라고 말한다. 이것이 바로 그리스도인의 방식이다. 은총은 이렇게 서로 존중하는 사람들 사이에서 흐른다. 그것은 결코 일방통행이 아니다. 우리는 다른 사람들과의 관계에서 주기고 하고 받기도 한다. 은총은 풍성하고 관계적이기 때문이다.

당신이 직접 도우시죠

내가 소말리아에 갔을 때, '돌보라'는 그리스도인의 계명이 얼마나 단호한 것인가를 알고 충격받은 적이 있다. 나는 병원으로 막 승인받은 시설을 방문하고 있었다. 그 병원에는 최소의 시설들만 있었다. 정수된 물도 없고, 약도 거의 없었다. 언젠가 3도 화상을 입고 고통스러워하는 어떤 남자를 다른 환자가 부채질해 주고 있었다. 그러나 간호사들은 그를 무시했다. 내가 약간의 몸짓과 소말리아어 몇 마디로 그를 도와주면 좋겠다고 요청하자, 간호사들은 이렇게 대답하였다. "싫어요. 저 사람은 우리 부족 사람이 아니에요!" 너무 놀란 나는 그들에게 "하지만 그를 도와주어야 하잖아요"라고 사정하였다. 그러자 그들 중 한 사람이 돌아서서 나를 보며 이렇게 말했다. "당신은 그리스도인이 아닌가요? 당신이 직접 도우시죠!"

나는 그리스도인이 사랑에 대해 도전받는 범위를 제대로 인식하기 시작했다. 루스의 인생 이야기가 말해주듯이, 돌보는 이들의 삶은 힘들 수 있다. 특히 자발적으로 돌봐주는 사람들은 많은 것을 잃을 수 있다. 예를 들어 사회생활, 경력, 결혼, 심지어 건강조차 말이다. 그들은 개인적인 꿈을 포기함으로써 "하느님의 온갖 충만하심"(에페 3,19)을 약속받았다. 밑지는 교환은 아닌 셈이다!

기도 안에 머무르며

예수님을 어려운 세상을 돌보시는 위대한 분으로 바라보라. 예수님은 우리의 삶과 죽음을 통해 영원한 기쁨 속에서 우리를 돌보신다. 그분이 부드럽게 말씀하신다. "나는 항상 너를 특별한 방식으로 돌본단다." 이 말씀이 어떻게 느껴지는가?

이어 예수님께 여쭤보라. "제가 어떻게 하면 돌보는 일에서 당신을 닮을 수 있을까요?" 그분은 이렇게 대답하실 것이다. "네가 돌보고 싶어 하는 사람들을 데려오렴! 그들이 우리와 함께 식탁에 있다고 상상해 보려무나. 그렇게 하고 싶지 않은 사람에게는 즐거운 일이 아니겠지. 하지만 그러한 상상은 네 마음을 넓혀줄 것이고, 삶이란 결국 그렇게 마음을 넓히는 일이란다! 너는 다른 이들을 바꿀 수 없단다. 하지만 내가 그들을 대하는 너의 태도를 바꾸도록 도와주마. 난 성부께서 내가 만나는 모든 사람들을 사랑하셨음을 자주 상기해야 했단다. 그래서 나는 그들 각자를 하느님의 사랑을 받는 귀한 존재로 보게 되었단다. 모습들도 다 다르고, 삶이 망가진 듯 보일지라도 절대 함부로 대해선 안 된다는 것을 깨달았지."

당신이 예수님처럼 그들을 대한다면 그 변화를 알아차리게 될 것이다. 그분을 다시 만나게 될 때, 당신은 이 선물에 감사드릴 것이다.

2부

죽음의 영성

영원한 춤을 위한 준비

무언가 놓친 것

이 책의 초판을 읽은 몇몇 분들이 이런 이야기를 들려주었다. "나이 듦에 대해 도움이 되는 내용을 말씀해 주시긴 했는데, 혹시 놓친 것은 없을까요?" 나이 듦과 영원한 삶 사이에 있는 무대를 얘기해 볼 수 있을까? 죽음의 경험 자체에 대해서 그리고 영원한 삶에서 하나님을 만나는 것에 대해서는 어떨까?

나는 다가올 삶의 신학적 측면을 *Where to from Here? The Christian Vision of Life After Death*(여기에서 어디로? 죽음 이후의 삶에 대한 그리스도인의 비전)에서 대략적으로 조망하였고, 여기서 다룰 수 없는 문제와 관련해서는 이 책을 권하고 싶다. 그러나 죽음, 얼굴을 마주하고 하느님을 만나는 경험에 대해서 도움이 될 만한 것을 말하기가 쉽지 않다. 노자는 「도덕경」에서 “아는 자는 말하지 않고, 말하는 자는 알지 못한다知者不言, 言者不知”라는 말을 남겼다. 우리가 경험하지 않은 것을 어떻게 알 수 있단 말인가? 그러나 우리가 죽음을 맞이하는 순간, 무슨 일이 벌어질지 계시를 통해서 조금은 알 수 있게 되었다. 하느님은 미래에 우리를 완전히 어둠 속에 내버려두지 않으신다. 클라이브 스테이플스 루이스C.S. Lewis가 *The Weight of Glory*(영광의 무게)에서 말한 것처럼, 신약성경에서는 지금은 아주 잠깐, 스치듯이 느끼는 순간적인 아름다움이 언젠가는 우리의 것이 되어 영원히 함께할 것이라는 이야기를 들려주고 있다. 앞 장에서 계속 말했듯이, 우리는 이미 이 아름다움과 하나 되는 길을 걷고 있다.

이제 낯선 영역인 우리의 미래를 탐구할 것이다. 어떤 이들은 ‘과연 미래는 어떤 모습일까?’에 대해 알고 싶어 하고, 또 다른 이들은 ‘누구를 만나게 될까?’ 궁금해한다. ‘우리의 미래가 어떤 것일지 알지 못하지만, 누가 우리의 미래일지는 안다. 바로 하느님이시다!’라는 말이 있다. 우리는 증거가 보여줄 수 있는 것 이상을 요구하지 말아야 한다. 그것은 파란불이나 빨간불이라기보다는, 노란불이 깜박이며 "주의하며 가시오"라고 효과적으로 말하고 있는 정도에 지나지 않기 때문이다. 성경은 애매하고 때로는 불합리하며 심지어 모순적이기도 하다. 하지만 그 안에는 엄청난 깨달음이 담겨있다. 나는 여기서 성경을 많이 인용할 것이고, 이를 통해 당신은 성경의 생각이 순진한 낙천주의가 아니라 하느님의 변함없는 약속에 기초하고 있음을 확신하게 될 것이다.

예수님께서 당신의 마음과 생각을 전하는 것이 얼마나 힘드셨을지 생각해 보라. 어떻게 인간의 마음속에 무한함을 담을 수 있겠는가? 이것이 예수님께 놓인 도전이었다. 그분 안에서 하느님은 인간이 거룩해지도록 하기 위해 인간이 되신다. 이것이야말로 하느님의 계획이지만, 예수님은 어떻게 그것을 전달하고 어떻게 그 목적을 이루실 수 있을까? 이 과정은 필연적으로 복잡한 작업이지만, 우리는 하느님의 단순한 의도를 마음에 두고, 사소한 일에 휘둘려 길을 잃어서는 안 된다. 여행자들은 멀리 있는 높은 산을 본다. 그 산은 지도에 표시되어 있지만, 그곳에 도달하려면 모든 것이 필요하다.

엄청난 비밀

우리의 여정은 우리가 구원사라고 부르는 것 안에서 펼쳐진다. 모든 사소한 것 안에서 하느님은 다름 아닌 신성한 사랑을 표현하고 계신다. 마찬가지로 우리의 개인적인 삶 안에서도, 하느님은 우리가 밝게 빛나는 사랑이 되어 목적을 구현하는 과정에서 생겨나는 모든 사소한 것과 기회에 관여하기를 원하신다. 우리가 태어나기 전부터 죽은 다음에도, 하느님은 당신처럼 되기를 바라신다. 우리는 좋은 삶을 사는 것, 구원받는 것, 지옥의 저주를 피하고 천국에 가는 것에 대해서 말한다. 십계명을 지키고, 교회에 순종하며, 믿음을 굳게 지키고, 서로 사랑하고 용서하며, 날마다 십자가를 지고 끝까지 인내하려 애쓴다. 우리는 삶을 시험으로 생각하며, 마지막에 합격점을 받기 위해 충분할 정도로 노력하려고 애쓴다. 이 모든 것은 나름의 의미가 있지만, 우리가 어떤 존재가 되어야 하는가에 깊이 초점을 맞출 필요가 있다. 곧 하느님의 본성에 참여하고, 하느님과 얼굴을 마주하고 바라봄으로써 하느님처럼 되어야 한다는 것이다.(2베드 1,4; 1요한 3,2 참조) 우리는 하느님의 모상에 따라 창조되어 주님의 이미지로 변모된 새로운 자신을 입은 하느님의 아들과 딸이 되어야 한다는 것이다.(요한 1,12; 2코린 3,18; 에페 4,24 참조)

요약하자면, 우리는 진흙으로 만들어진 피조물임에도 불구하고 하느님을 닮아가고 있다. 이것이 우리 내면에서 일어나고 있는 일이며, 그것에 주의를 잘 기울여야 한다. 성 아우구스티노는 사람들이 산의 높이와 거대한 파도, 긴 강줄기, 광활한 바다, 별들의 원운동에 놀라워하면서도, 정작 자기 자신은 대수롭지 않게 여긴 채 지나쳐 버린다고 말한다.

우리 안에는 말로 표현할 수 없는 무언가에 대한 갈망이 있다. 14세기 수피 신비가인 하피즈Hafiz는 이렇게 말했다. 우리는 '한때 사랑하는 분이 가지고 있던 악기, 류트와 같아서 그분과 떨어져 있다는 사실이 모든 갈망의 이유를 설명해 준다.' 우리는 사랑을 위해 창조되었고, 죽음 안에서 다가오는 사랑을 두려워할 필요가 없다. '두려워하지 마라!' 이것이 계시 안에서 반복되는 하느님의 메시지다. 이 메시지를 우리가 죽음을 맞이하는 거룩한 순간에 적용할 수 있다. 천사에게 주님의 탄생 예고를 들은 성모님처럼, 우리는 사랑받는 이들이다. 주님은 우리와 함께 계시며, 전능하신 분께서는 우리 안에서 큰일을 하려고 하신다.(루카 1,27.49 참조) 하느님과 만나는 것은 분명 놀라운 일이겠지만, 혁신적인 것이기도 하다. 만약 우리가 잠시 말을 잃게 된다면, 그것은 우리가 경험하는 행복감이 숨을 멈추게 할 정도로 벅차기 때문이다. 하피즈는 또 이렇게 말한다. '우리는 춤출 준비를 하고 하느님께 나아갈 수도 있고, 들것에 실려 하느님이 계신 곳으로 갈 수도 있다.' 우리는 하느님께 빛과 도움을 청하면서, 삶의 마지막 단계를 예견하며 춤출 준비를 할 수 있는가?

우리의 탐구는 다음에 나오는 각 장에서 자세히 이루어진다기보다는 짧고 암시적일 뿐이다. 이는 우리가 작은 틈새를 통해서 들여다볼 때만 진리를 잠깐이나마 볼 수 있다는 사실을 강조하는 것이다. 당연히 완전한 현실(천국)이 무한히 더 좋겠지만, 우리가 거기에 도달할 때까지는 계시가 우리에게 알려주는 것을 믿어야 한다. 이 말은 그것이 타당한 믿음이라는 것이다. 이어지는 '기도 안에 머무르며'를 천천히 기도하는 마음으로 읽음으로써, 하느님께서 당신에게 주시려는 변화를 그대로 받아들이라는 것이다.

기도 안에 머무르며

신약성경은 당신을 위한 미래의 약속이 무엇인지 보여주고 있는가? 아니면 당신은 죽음 이후의 삶에 대한 약속에 큰 의심을 품고 있는가?

하느님께서 당신이 어떤 존재가 되기를 바라신다고 생각하는가?

이에 대해 예수님과 대화를 나누어 보라. 그리고 예수님이 인류에게 영원한 삶을 약속하셨을 때 아무런 의심도 없으셨는지 아니면 확신하셨는지 여쭤보라.

하느님께서
정말로 오신다

충만한 삶

삶의 마지막 단계에 대한 암시는 앞에서 언급한 바 있다. 이제 사랑, 관계, 약속, 우정은 함께 어우러지게 된다. "희망을 가지지 못하는 다른 사람들처럼"(1테살 4,13) 슬퍼할 필요는 없다. 죽음을 끝없는 어둠 속으로 추락하거나 엄격한 심판을 받는 것으로 상상한다면 두려울 수도 있다. 그러나 동반자 예수님이 나를 환영하기 위해 그곳에서 기다리실 것이라는 '확실하고 분명한 희망'을 갖고 있다.

우주가 시작되었을 때, 사랑은 나를 '무無'의 상태에서 이끌어 냈다. 나는 거룩해지도록 그리고 하느님의 현존 안에서 사랑으로 살기 위해 선택받았다.(에페 1,4 참조) 삼위일체의 성녀 엘리사벳은 이렇게 말했다. '지상에 살면서 천국을 기다리는 삶으로 바뀐 비밀을 한 가지 말씀드리겠습니다. 사랑이라는 이름을 지니신 존재가 밤낮으로 어느 순간이든 우리 안에 함께 계시고, 우리에게 그분의 동반자로 살아가길 요청하고 계심을 믿는 것입니다.' 내 삶의 모든 순간 나에게 미소를 보내주신 이 신비로운 연인은 나의 고통과 혼란, 나약함 속에서도 여전히 미소 지으시며, 이제 나를 당신께 데려가려고 준비하고 계신다.

이 사랑 안에서, 이 환영의 미소 안에서 나는 안전할 것이다. 하느님은 변하시지 않는다. 나는 항상 하느님의 사랑받는 존재다. 성 이냐시오에 따르면 '사랑하는 사람은 자신이 갖고 있는 것을 사랑하는 이에게 주고 또 나눈다.'(로마 1,7; 영신수련 231 참조) 당신에게 필요한 선물은 위로와 기쁨, 그리고 영원한 생명이다. 하느님께서는 이 모든 것을 풍성하게 내려주신다.

하느님께 '네'라고 응답하기

하느님께서 나에게 미소를 지으시면 나 역시, 비록 괴로운 일이 있더라도, 미소로 화답하려 애쓴다. "행복하여라, 지금 우는 사람들! 너희는 웃게 될 것이다."(루카 6,21) 죽음에는 눈물이 따르지만, 곧 기쁨의 웃음이 뒤따를 것이라는 약속을 받는다. 그러므로 죽음은 자기를 내어주는 것이며, 사랑의 손길에 자신을 온전히 맡기는 것이다. 이는 진정 사랑의 손길이다. 주님의 손바닥에는 나의 이름이 새겨져 있기 때문이다.(이사 49,16 참조) 샤르댕의 말을 떠올려 보라. 하느님께서는 한 손으로 우주를 만드시고, 다른 한 손으로는 나를 조심스럽게 빚으신다.

적절한 때가 되면 아마 당신은 하느님께 "제 영을 아버지 손에 맡깁니다"(루카 23,46)라고 기도하게 될 것이다. 예수님은 돌아가시기 직전에 이 말씀을 하셨지만 항상 그 영 안에서 사셨다. 그분 삶의 모든 역동은 성부께 초점이 맞춰져 있었고, 마음은 처음부터 이미 성부께로 와계셨다. 예수님의 이 기도는 어쩌면 우리의 기도이기도 하다. 삶이 점점 우리에게서 멀어져 가는 것을 느끼기 시작한 이후부터 해온 기도일 수도 있고, 혹은 지금 이 기도를 시작함으로써 도움을 받을 수도 있을 것이다. 감사기도 제3양식에서 우리는 예수님이 우리를 성부께 드리는 '영원한 제물(선물)'로 만들어 주시기를 청한다. 이제 자기를 내어주는 자유로운 개별 행위 안에서 기꺼이 하느님께 우리 자신을 맡겨드리자.

이처럼, 나이 듦에 대한 그리스도인의 영성은 자연스럽게 죽음의 영성과 연결된다. 어떤 영성이든 그 상황과 하느님 사이의 관계를 탐구하는 것이라는 점을 상기할 필요가 있다. 모든 것 안에서 하느님을 발견할 수 있다고 믿는 한, 우리는 가정의 영성, 모성애의 영성, 가난의 영성, 고통의 영성 등 끊임없는 영성을 지니게 된다. 죽음에 대한 영성이 없다는 것은 영적인 빈곤을 초래하며, 죽음이라는 현실을 부정하게 만든다. 만약 당신이 이런 경험을 하고 있다면, 안팎으로 드러나는 미소만으로도 하느님을 향한 당신의 사랑스러운 응답을 표현할 수 있다. 당신은 자신을 '영원한 제물(선물)'로 내어주면서, '주님께 저를 맡깁니다'라고 기도하며 미소를 지을 수 있는가? 셰익스피어의 「리어왕」 마지막 부분에서 헌신적인 아들 에드가는 아버지에게 '때가 무르익어야 합니다'라고 말한다. 마음이 무르익는다는 것, 곧 마음이 성숙해진다는 것은 앞으로 다가올 일을 기꺼이 받아들이는 것을 의미한다. 죽음은 진정 피할 수 없는 것이지만, 죽음을 관통하는 핵심은 죽음을 통해 당신을 축복과 끝없는 기쁨으로 이끄는 무한한 사랑이다. 죽음을 잘 맞이하는 것은 하나의 과제다. 누군가에게는 어려운 일이겠지만, 예수님은 우리가 따라야 할 모범을 보여주셨다.

하느님께서 오신다

죽음에는 고독한 측면이 있지만, 본질적으로 죽음은 삶에서 가장 거룩한 대인對人적 사건이다. 공동체 회원 중 한 명이 갑자기 죽음을 맞게 되었을 때, 나는 간호사에게 사인死因을 물어본 적이 있었다. 그는 짧게 "시스템 오류"라고 대답했다. 한편으로 보면 사실이긴 하지만, 거기에는 그보다 훨씬 더 폭넓게 얘기되어야 할 것들이 있다. 샤르댕은 우리를 이렇게 일깨워 준다. "주님, 저의 죽음을 당신과 하나 되는 행위로서 받아들이도록 가르쳐 주소서." 당신은 혼자 죽음을 맞이하고, 나중에 하느님 앞으로 나아가는 것이 아니다. 그보다는 하느님께서 당신을 찾아오시고 당신 곁에서 사랑의 특별한 여정을 함께해 주시는 식이다. 되찾은 아들을 향해 달려가서 사랑으로 안아주는 아버지처럼, 주님은 그렇게 서두르신다. 신랑이 신부를 맞이하듯 오시어, '어둠의 골짜기를 가는' 당신을 놀라운 빛으로 인도해 주신다. 하느님은 "나의 애인이여, 일어나오. 나의 아름다운 여인이여, 이리 와주오. 자, 이제 겨울은 지나고 장마는 걷혔다오"(아가 2,10-11)라고 말씀하신다. "내가 가서 너희를 위하여 자리를 마련하면, 다시 와서 너희를 데려다가 내가 있는 곳에 너희도 같이 있게 하겠다"(요한 14,3)라는 그분의 약속은 확고하다. 죽음에 대한 당신의 두려움을 덜어주기 위해, 예수님께서 당신의 손을 붙잡고 집으로 데려다주겠다는 약속보다 더 확실한 것이 있을까?

루이스는 아내가 죽어가던 순간, "아내는 미소를 짓고 있었지만 저를 보고 웃는 건 아니었습니다"라고 말했다. 어떤 이들은 죽을 때 미소를 짓는다. 우리는 그들이 오직 자신들만 볼 수 있는 하느님을 향해 미소 짓는 것이라고 믿을 수 있다. 그들은 하느님을 알아보고 그분이 자신들을 위해 마련해 놓으신, 상상을 초월하는 그 모든 것을 알기에 미소를 지은 것이다.(1코린 2,9 참조) 내 침대 주변에는 가족과 친구들, 어쩌면 간호사도 함께 있을 것이다. 그리고 그들 뒤에 계시는 성삼위께서 말로 표현할 수 없는 사랑을 나에게 비추어 주실 것이다. 비록 내가 늙고 쇠약해졌지만, 거룩한 삼위께서는 나를 자랑스러워하실 것이다. 하느님은 나의 마음을 아시고 내가 사랑 안에서 성장했음을 기뻐하신다. 그분이 내 안에서 하신 일은 완성을 향해 나아가고 있다. '나'라는 놀라운 작품이 이제 완성에 가까워지고 있다. 나는 먼저 떠난 모든 복된 이들, 곧 이미 하느님의 은총 가득한 놀라운 사랑을 경험하고 있는 이들과의 동행을 즐길 준비가 되어있다.

확실하고 분명한 희망

그리스도인들은 죽음에 대한 특별한 관점을 가지고 있다. 나는 예수님께서 제안하시는 '확실하고 분명한 희망'에 대해 이야기하였다. 이 구절은 성경에 기초해 있으며(특히 1테살 4,13-18 참조), 장례 전례에서 사용된다. 그 약속은 모든 것이 잘될 것이라고 말한다. 그러나 의심의 그림자는 더 커질 수도 있다. 사람들은 믿고 싶어 하면서도 "죽음 이후에 제가 깨어날까요?"라고 묻는다. 예수님의 부활을 믿는다면, 우리는 확실하게 응답할 수 있다. 이것이 예수님께서 가져다주신 복음의 핵심이다. 곧 하느님께서 우리를 이 세상에서 사랑하실 뿐만 아니라 죽음 이후에도 우리를 영원한 삶으로 초대하신다는 것이다.

그리스도께서 오시고, 막을 수 없는 빛이 죽음의 어둠을 비춘다.(요한 1,5 참조) 우리는 미사 때, "당신의 죽음으로 저희 죽음을 없애시고, 당신의 부활로 저희 생명을 되찾아 주셨나이다"라고 말한다. 결국 복음은 예수님께서 죄와 죽음을 힘겹게 이겨내신 승리에 관한 것이다. 이를 통해 우리는 사랑이 다스리고 모든 것이 회복되는 거룩한 축복 속으로 예수님과 함께 들어갈 수 있게 된다. 홉킨스는 이렇게 촉구한다. "아름다움을 돌려드려라, 아름다움, 아름다움, 아름다움, 아름다움 자체이자 아름다움을 주시는 하느님께." 우리는 하느님의 기쁨 속에 들어가게 될 것을 약속받았다. 루이스가 말한 대로, 기쁨은 하늘나라에서 가장 중요하고 본질적인 일이다!

방문객들

삶의 마지막 단계에 있는 사람들은 점점 찾아오는 이들이 줄어든다는 것을 깨닫게 된다. 당신에게 마지막 날들의 빈 시간이 섬세하게 마련된 것은, 어쩌면 하느님과 당신 자신이 살면서 처음으로 함께 멋진 시간을 충분히 보내기 위함이 아닐까? 하느님은 당신의 백성을 방문하길 좋아하신다. 그분의 첫 방문은 어느 서늘한 저녁 무렵, 에덴동산에 있는 아담과 하와를 찾아가신 일이다. 아브라함과 사라는 세 사람의 방문객으로 나타난 하느님을 대접하는데, 그분은 다시 찾아오겠다고 약속하신다. 하느님은 이집트에 있는 당신 백성을 찾아오셨고, 나중에는 만남의 장막 안에서 모세와 정기적으로 만나셨다. 이렇게 하느님은 선택하시고 나타나셨다.

즈카리야의 노래는 하느님께서 어떻게 '높은 곳에서 별처럼' 우리를 찾아오시는지 말해준다.(루카 1,78 참조) 성 요한은 하느님께서 우리 사이에 머물기 위해 오신다고 말한다. 예수님이 여러 도시와 마을을 방문하시자, 사람들은 그 소식을 듣고 "하느님께서 당신 백성을 찾아오셨다"(7,16)라고 말한다. 예수님은 문 앞에 서서 두드리신다.(묵시 3,20 참조) 그분은 아버지와 같이 오셔서 우리와 함께 살겠다고 약속하신다.(요한 14,23 참조) 우리는 하느님께서 매일 밤낮으로 우리를 찾아오신다는 진리를 천천히 깨닫게 된다. 어쩌면 우리는 방문객이 없다고 불평하는 것을 멈춰야 할지도 모르겠다!

병자성사

나의 부친은 매우 건강한 편이셨는데, 은퇴하신 지 얼마 되지 않아 말기암 진단을 받았다. 아버지는 생전 처음으로 병원 침대에 누워서 어머니에게 이렇게 얘기하셨다. "베로니카, 나는 뭔가 필요할 때마다 항상 당신에게 의지했는데, 이제 누가 나를 도와줄 수 있을까?" 아버지는 가벼운 질병에도 참지 못하고 늘 짜증을 내셨다. 나는 불안해하는 아버지에게 병자성사를 받으시도록 권유했다. 그 성사가 무엇을 의미하는지 알고 있었지만, 아무도 그것에 대해서는 말하지 않았다. 다행히 아버지는 좋다고 하셨다. 병자성사를 받으신 아버지는 안정을 되찾았고, 우리 모두가 잠시 방을 비운 사이에 조용히 떠나셨다. 나는 이것이 우연이 아니라, 아버지가 혼자서 하느님 품으로 가기 위해 그 순간을 기다리신 것 같다고 생각한다. 우리는 환자의 마지막 소망을 존중해야 한다. 고요하고 평화롭게 혼자 떠나는 것이 무슨 문제가 될까? 그 순간 누구의 마음이 더 중요할까? 성 이냐시오도 '혼자 있을 때' 죽음을 맞이했다고 기록되어 있다. 당시 사람들은 그것을 자연스러운 일로 여겼다.

병자성사는 죽음의 위험에 처한 순간뿐만 아니라 큰 수술을 해야 하거나, 노령으로 쇠약해졌을 때도 받을 수 있다. 하느님께서 우리와 항상 함께 계시지만, 각각의 성사는 그분의 현존이 명확해지는 특별한 순간이 있다는 사실을 강조한다. 이 성사를 통해 예수님께서 갈릴래아의 병자들에게 그러하셨듯이 우리에게도 가까이 계시다는 사실이 드러난다. 우리의 근심과 두려움은 사라지고, 흔들리던 믿음은 강해지며, 예수님과의 관계는 깊어지고, 앞으로 닥쳐올 일에 대한 평화와 용기를 얻게 된다.

화해의 성사인 고해성사

죽기 일보 직전이었던 어떤 문학가가 있었다. 사제는 그에게 "당신은 하느님을 믿습니까?"라고 물었다. 그러자 "네, 믿습니다"라는 답변이 돌아왔다. 계속 질문이 이어졌다. "당신의 모든 죄를 뉘우칩니까?" "네, 그렇습니다." "당신은 사탄과 그의 모든 행위와 허영을 끊어버립니까?" 이 물음에 그는 이렇게 대답했다. "지금은 적을 만들기에 좋은 시간이 아니라서, 그 질문에 대한 답변은 그냥 통과할게요."

고해성사는 적을 만드는 것이 아니라 하느님의 우정을 받아들이는 것이다. 병자성사의 예절 가운데 고해성사가 들어 있다. 비록 삶의 결과가 나쁘다고 해도, 하느님의 우정과 용서의 손길은 영원히 당신을 향해있다. 우리가 단지 사과만 할 수 있을 따름이라고 해도, 화해를 하는 데는 그것으로 충분하다. 하느님께서 원하시는 것은 당신과의 우정이 전부다.

'죄'라는 단어는 성경에서 2천 번 이상 나오는데, 하느님의 관심은 우리의 죄에 있는 것이 아니라, 당신의 사랑 안에서 우리가 성장하는 데 있다. 하느님은 우리를 어떻게 벌줄까 고민하시는 분이 아니라, 나쁜 결과에서 어떻게 좋은 것을 가져올지 고민하는 분이시다. 하느님은 죄와 관련해서는 잊어버리시고, 마치 죄가 전혀 없었던 것처럼 "그들의 죄를 더 이상 기억하지 않겠다"(예레 31,34)라고 말씀하신다. 성경의 또 다른 곳에서는 "너희의 죄가 진홍빛 같아도 눈같이 희어지고"(이사 1,18)라고 하면서 우리에게 확신을 주고, 미카 예언자는 하느님께서 우리의 모든 죄악을 "바다 깊은 곳으로"(미카 7,19) 던져 버리실 것이라고 확신한다. 이집트를 탈출할 때, 이스라엘 모든 백성들이 홍해를 건넜다. 이때 하느님께서는 죄를 저지른 자들이나 자격 없는 자들을 가려내지 않으셨다!

용서는 하느님 사랑의 본질이기에, 죄는 그분께 영향을 주지 못한다. 하느님의 어린양이신 예수님은 세상의 모든 죄를 없애신다! 하느님의 부드러움과 자비는 한결같으니, 우리 역시 이것이나 저것이 죄가 되는지 혹은 무엇을 제대로 고백했는지 소심한 걱정은 버리는 게 좋다. 그보다는 거룩한 사랑에 당신 자신을 맡겨라. 최악의 죄일지라도 하느님 자비의 흐름을 거스를 수 없으며, 오히려 더욱 강하게 움직이도록 만든다. 또한 자신의 마음을 살피고, 적어도 가끔은 누군가를, 예를 들어 배우자나 자녀들을 용서해 본 적이 있는지 생각해 볼 수 있다. 어렴풋하게라도 하느님의 용서가 얼마나 광범위한지 이해하기 위해 그 경험을 무한히 증대시켜라. 하느님의 사랑은 차별이 없고 대담하며 끝이 없다.

가서 그렇게 하여라

나이가 들면서, 하느님의 선하심에 그 어느 때보다도 더욱 깊이 의존하게 된다는 것을 깨닫는다. 나는 하느님이 진정 좋은 분이시라는 것을 철저히 믿게 되었다. 마치 태양의 속성이 빛을 비추는 것이듯 하느님은 무한히 사랑하시고 용서하신다. 이를 통해 하느님과의 관계가 더욱 새롭게 성장하고 있다. 과거와 현재의 실패에 대해 하느님과 이야기할 수 있고, 그로 인해 하느님께서는 나를 더욱 사랑하실 수 있게 된다. 기억력이 나빠지고 있다는 사실에도 불구하고, 때로는 원하지 않는데도 이러한 실패들이 머릿속에서 떠돌아다닌다. 이런 순간에도 하느님은 일하고 계시는 걸까?

결과는 이렇다. 하느님께서 나의 약함 안에서 무한히 보여주시는 부드러움은 나에게 상처를 준 사람들에게도 그와 같은 부드러운 용서를 베풀도록 도전을 준다는 것이다. 일곱 번

이 아니라 일흔일곱 번이라도 용서하라고 말이다! 이를 통해 우리는 다시 중심 주제로 되돌아간다. 바로 우리의 부족한 태도와 어두운 면을 통해서조차, 하느님은 우리가 사랑 안에서 성장하도록 항상 우리 안에서 끊임없이 일하신다는 것이다.

기도 안에 머무르며

사랑받는 것을 어려워하는지 나 자신에게 물어보라. 그리고 예수님께서 오시기를 잠시 기다려라. 직감적으로 지금이 그분의 마지막 방문임을 느낀다면 기분이 어떤가? '오소서, 주 예수님!'(묵시 22,20 참조)이라고 기도할 수 있는가? 아니면 혼란스러운가? 만약 그렇다면 이유는 무엇인가?

예수님은 어느 때보다 따뜻하게 미소 지으시고, 당신을 안아주시며 얼굴을 지그시 바라보신 다음, 잠시 멈추셨다가 이렇게 물으신다. "나와 함께 갈 준비가 되었니? 내가 너를 집으로 데려다줘도 될까?"

당신은 마음을 진정시키려고 노력하면서 조용히 앉아있을 수도 있다. 그분이 당신을 어떻게 위로해 주시는가? 삼위일체의 성녀 엘리사벳처럼, 자신을 하느님의 팔에 내맡길 수 있는가? '마치 어머니 품에 잠든 아이처럼' 말이다. 조지 허버트George Herbert의 시구가 떠오를지도 모른다. '내 영혼은 움츠러들어도 사랑은 나를 환영해 주네.'

이제 기도 안에서 드라마가 펼쳐지게 하라.

하느님은
조용히 일하신다

우리 각자가 "살살 조심히 다니세요. 하느님이 일하시는 중입니다!"라고 적힌 배지를 달고 다닌다면, 때로는 우리의 만남이 더 부드럽고 섬세하지 않았을까 하는 상상을 해본다. 당신과 하느님의 관계는 당신이 태어나기도 전에 시작되었고, 이 세상에서 살아가는 동안 더욱 깊어졌으며, 죽음을 지나 그 너머로 나아가게 될 때 압도적으로 강력해질 것이다. 당신은 나이가 들어갈수록 하느님과의 이러한 열린 만남을 준비할 수 있다. 번잡한 삶에서 점차 벗어나면서 새롭고 예기치 않은 현실에 눈을 뜨게 되기 때문이다. 당신은 오랫동안 당신의 관심을 인내심 있게 기다리신 하느님과 더욱 깊은 관계를 형성하기 시작한다. 당신의 삶이 시작될 때부터 당신은 하느님 품에 안겨있었다. 하느님의 사랑에서 벗어나 있는 사람은 아무도 없다. 당신은 바로 이 사랑 안에서 살고, 움직이며, 존재해 왔다. 하느님께서 이처럼 조용히 가까이 계심을 깨닫고 이에 응답한다면 당신은 복되다.

나에 대한 모든 것?

인간은 점점 더 자신을 만물의 중심으로 여기는 경향을 보여왔다. 내가 무엇을 하고, 무엇을 생각하고, 무엇을 말하는지가 그 어느 때보다 중요해졌다. 나는 현대 의학과 기술이 제공하는 모든 도움을 받아, 나의 삶을 계획하고 나 자신을 돌본다. 우리는 이 세상이 우리의 것이라고 생각한다. 하지만 내 삶에서 참으로 중요한 존재는 내가 아니라 하느님이심을 깨닫는 것은 엄청난 전환이다. 그분은 늘 나를 위해 바쁘게 일하셨으며, 나를 사랑하시고 부르시며, 나를 위해 내가 상상조차 할 수 없는 큰 꿈과 계획을 가지고 계신다.

하느님은 내가 개인적인 바람과 걱정에서 벗어나 더욱 그분과의 깊은 관계로 들어가도록 초대하신다. 나는 자율적인 존재가 아닌 다른 이의 인도를 받는 존재가 되도록 창조되었다. 예수님의 제자들이 발견한 것이 바로 이것이다. 예수님 주위에 제자들이 모여들었을 때, 아마도 그들은 그분에게서 삶의 의미를 배운 뒤 각자의 개인적인 관심사를 추구하러 떠날 생각이었을 것이다.

하지만 예수님은 그들을 매혹시켜 자신을 따르도록 했다. 우리는 예수님의 제자로서 그분이 우리를 이끄시도록 내어드려야 한다. 우리의 삶은 그분을 중심으로 재구성되어야 한다. "나를 따라라"(마태 9,9)라는 부르심은 단순하고 놀랍다. 인간의 삶은 응당 그래야 하지만, 우리는 그것을 깨닫지 못한다. 대부분이 예수님과 그분의 요구에 협조하는 정도일 뿐이다. 우리는 그분을 길들이려 하고, 오히려 그분께서 우리를 따라주시도록 요구한다. 그러나 그분은 우리 뜻대로 되지 않으신다. 우리는 삶의 모든 세세한 부분까지 우리를 당신께로 이끌어 주시는 성삼위와의 관계를 위해 만들어졌기 때문이다.(요한 6,44 참조) 만약 우리가 이를 깨닫는다면, 우리의 삶은 예수님께서 우리에게 원하시는 풍요로운 삶이자 충만한 삶으로 도약하게 된다.(10,10 참조) 이런 일은 소수의 사람들에게만 일어나는 것처럼 보이지만, 머지않아 하느님은 자신을 드러내시며 당신 삶의 중심 무대를 차지하실 것이다. 그러면 하느님과 당신, 곧 위대한 사랑이신 하느님과 그분의 사랑을 받는 당신만이 거기에 있게 될 것이다.

하느님 발견하기

지금까지 당신의 삶을 형성해 온 모든 것이 하느님으로부터 온 것이라고 설명해 볼 수 있는가? 이것이 바로 우리가 '모든 것 안에서 하느님 발견하기'에 관해 말할 때 의미하는 바다. 삶의 여정에서 온갖 일들이 당신에게 일어났지만, 그 모든 것을 통해 하느님께서 당신과 소통하고 계심을 깨닫는 것이 바로 은총이다. 좋은 일들은 하느님께로부터 오지만, 나쁜 일들 속에서도 하느님은 당신에게 유익한 것을 가져다주시려고 일하신다. 전례는 '모든 선한 것이 나오는' 하느님에 관하여 말한다. 당신이 하느님의 자애로우심으로 얼마나 둘러싸여 있는지 이해하게 될 때, 삶은 더욱 풍요로워진다. 그러면 당신에게 아직 허락된 시간 동안, 당신의 은밀한 후원자인 그분을 더 잘 알고 싶은 갈망이 당신 안에서 자라나게 된다.

기도 안에 머무르며

하느님을 알게 되었던 당신의 개인적인 여정에 대해 성찰할 시간을 가져보라. 시편 139편을 읽을 수도 있겠다. 시편 저자는 자신이 태중에 있을 때부터 모든 순간 하느님께서 줄곧 함께하셨다는 놀라운 발견에 대해 말한다. 그리고 그분께서 영원히 이끌어 주시기를 청하면서 기도를 마친다.

당신은 예수님께서 함께하시도록 초대할 수도 있다. 당신을 찾아와 주신 예수님께 감사를 드린 다음, 한 해 한 해 당신 안에서 조용히 일해오신 방법에 대해 알려달라고 청한다.

그분은 이렇게 말씀하실 것이다. "우리의 관계와 그것이 어떻게 발전했는가에 대해 얘기해 보자꾸나. 네가 먼저 이야기를 시작하면 내가 빠져있는 부분을 채워주도록 하마!" 당신은 이에 대해 어떻게 설명할 것인가? 가볍게 아는 사이에서 조심스럽게 친절을 베풀고 뜨문뜨문 만나는 관계로 발전했는가? 지금의 관계를 '우정'이라는 말로 표현할 수 있는가? 가장 잘 맞는 단어를 찾아보라.

당신의 삶이 마지막 순간에 가까워지면서 그분이 조용히 일하고 계심을, 그리고 죽는 순간에도 함께하시면서 당신을 집으로 데려가실 것임을 믿을 수 있게 해달라고 청하면서 대화를 마무리해 보자.

기도와 죽음

죽음은 우리에게 완전히 새로운 사건인가, 아니면 일상 삶과 어느 정도 연관이 있는가? 캐슬린 도울링 싱K. D. Singh의 *The Grace in Dying*(죽음 속의 은총)이라는 책에서는, 묵상 안에서 일어나는 일들이 죽음의 과정을 보여준다고 제시한다. 여기서 이 견해에 대해 탐구해 보자.

대다수의 사람들처럼, 당신도 꾸준히 기도하거나 묵상하는 게 힘들다고 말할 수 있다. 아무리 소리쳐도 하느님이 가까이 계신 것 같지 않고, 나 혼자 사랑하는 사람들을 위해 이것저것 소원을 들어달라는 요청만 잔뜩 늘어놓는 것처럼 느껴질 수도 있다. 앞에서 우리는 집중력 저하에 대해 언급했는데 연로한 예수회원의 통찰력 있는 발언, 곧 "나는 항상 기도

하고 있거나 혹은 전혀 기도를 안 하고 있거나 둘 중 하나니까!"라는 말을 떠올려 보는 것도 가치 있는 일이다. 가끔 당신은 낮에 자유로이 돌아다니거나 집중력이 흐려지기도 하고, 어쩌면 삶의 의미에 대해 뭔가를 고민하거나 아니면 그저 바라보고 인지하고 관상하고 별다른 일도 하지 않고 멍하니 시간을 보내고 있지 않는가? 나는 당신이 그러한 순간들을 가볍게 생각하지 말 것을 제안한다. 그 순간들이야말로 우리 안에서의 내적 이끌림에 대해 말해주는 것이며, 표면적으로 보이는 대상에서 한 걸음 물러나 잠시 삶의 흐름에 자신을 내어 맡기는 것을 말한다.

1840년대, 헨리 데이비드 소로H. D. Thoreau는 평범한 삶에서 벗어나 2년 넘게 매사추세츠의 월든 호숫가에 정착했다. 그는 그곳에서 시간을 흘려보내며 하루 종일 아무것도 하지 않고 앉아있었다. 어린 시절부터 성취 지향의 삶에 빠져있던 나는, 그가 쓴 한 문장을 읽고 큰 감명을 받았다. 나에게 깊이 와닿은, 그의 어떤 하루에 대한 표현은 다음과 같다. '아침이었다가 이제는 저녁이 되었다. 이룬 것은 아무것도 없었다.' 문득 나는, 아무것도 이룬 게 없는 날들도 그 나름의 풍요로움이 있다는 것을, 그런 날들은 피하기보다는 키워야 한다는 것을, 그리고 내 모든 시간을 뭔가를 하면서 채울 필요는 없다는 것을 깨달았다. 이처럼 우리가 살아가는 다른 방법, 그것을 '묵상'이라고 불러보자. 그렇게 시간을 보내는 것은 겉으로 보기에 아무것도 이룬 게 없어 시간 낭비처럼 보일 수 있지만, 우리도 모르게 삶의 본질에 가까이 데려다줄 수 있다. 느긋하게 게으름을 피울 수밖에 없는 교통체증 상황이나 몸이 아픈 시간조차도 충분히 풍요로울 수 있다. 바로 그 순간들이 '저희가 외면하지 않고 보살피도록 가르치시고, 고요하게 머물도록 가르치소서'라는 기도를 증명해 준다. 그러한 고요함에는 풍요로움이 숨겨져 있다.

묵상과 기도는 공통점이 많다. 한쪽이 다른 쪽으로 나아갈 수 있기 때문이다. 비록 당신이 멈춘 채 아무것도 하지 않는 것이 너무나 힘들다는 사실을 깨닫게 될 수도 있지만, 적어도 조금은 묵상을 할 수 있을 것이다. 소말리아에서의 어느 아침이 기억난다. 나는 반사막 지역에서 염소 떼를 치고 있던 한 아이와 우연히 마주치게 되었다. 염소 떼는 풀을 뜯고 있었고, 그 주변에서 아이는 쭈그리고 앉아 경치를 바라보고 있었다. 아마도 해가 질 때까지 아무것도 하지 않은 채 거기에 있었을 것이다. 나는 그 아이의 머릿속에서 맴돌고 있던 생각을 추측할 수 있을 뿐이다. 그 아이는 어떤 생각들에 깊이 빠져들기도 했을 것이다. 그것이 바로 묵상이며, 묵상은 우리에게 아주 자연스럽게 다가온다. 우리는 생각하고, 성찰하고, 해결책을 모색하거나 사고의 흐름을 따라가기도 한다.

기도는 묵상, 명상, 혹은 고요함이라고 이름 붙인 것에 신성함을 더한 것이다. 만약 당신이 기도에 충분한 시간을 쏟는다면, 당신은 개인적인 성찰의 차원을 넘어서게 된다. 당신은 혼자가 아니며, 하느님과 대화를 나누고 있는 것이다.

그렇다면 묵상과 기도, 그리고 죽음 사이에는 어떤 비교점이 있을까? 먼저 묵상과 기도를 염두에 두고 아래의 목록을 읽어보라. 그리고 나서 이것이 죽음의 신비로운 과정에 어떻게 빛을 던져주는지 상상해 보라. 만약 당신이 죽음을 앞둔 이들과 시간을 보낸 적이 있다면, 그들에게 무슨 일이 일어나고 있는지에 대한 통찰력을 얻을 수 있을 것이다.

- 분주한 삶에서 물러나 보는 것이다. 마치 고속도로에서 고장 난 차 안에 있는 사람처럼 느낄 수도 있다. 많은 이들이 그 곁을 지나가지만, 당신은 고립되어 있고 아무것도 할 수 없어서 더 이상 거기 있고 싶어 하지 않을 수도 있다.

- 몸은 상대적으로 안정되어 간다. 불편함은 최대한 참아보도록 한다.
- 침묵이 중요해지면서 당신은 그 속에서 어떤 풍요로움을 발견한다.
- 맑은 하늘에 있는 구름처럼 마음에 분심이 오고 간다. 그러나 당신의 집중력은 분심을 능가한다.
- 그저 머물기 위해 흘려보내려고 할 뿐, 굳이 애쓰거나 붙잡으려 하지 않는다.
- 중요한 것이 말이나 생각으로 드러나지 않는다 해도, 정말로 중요한 것에는 관심을 집중하게 된다.
- 미래의 꿈이 아니라 현재에 관심을 집중한다. 지금 순간이야말로 당신이 가진 전부다.
- 당신 자신이 활동적으로 되기보다는 활동이 이루어지게 한다. "뭔가 하려고 하지 않아도 돼. 그냥 앉아있어"라는 조언을 따르도록 노력한다.
- 익숙한 세계는 더 이상 당신에게 관심의 대상이 아니다.
- 가치의 이동이 생겨난다. 한편으로, 당신은 기도 밖에서 성취를 이루는 가운데 가치와 의미를 찾지만 이제 그것은 입지가 좁다. 충동과 회피, 일상의 노예화는 줄어들기 시작하

고, 당신은 미소나 눈물로 이런 것들을 떠나보낸다.

- 다른 한편으로, 하느님께서 당신을 사랑하시며 지지하신다는 본래적 정체성에 대한 인식이 있다. '나는 그저 나일 뿐이고 하느님 안에서 존재한다. 내 존재의 모든 것은 하느님께 의지한다!' 당신은 하느님을 당신 존재의 진정한 근원으로 인식한다.
- 당신이 '나의 삶'이라고 부른 것에 대한 통제를 포기하는 경험은 상당히 고통스러운 일이지만, 또한 자유로운 것이기도 하다.
- 평생에 걸친 짐이 우리의 과중한 어깨에서 치워진다. 마치 공항에서 "찾아가지 않으시는 짐은 치우겠습니다"라고 보안 관련 공지가 나오는 것과 같다. 당신은 어떠한 짐도 지고 갈 필요가 없다. 오히려 하느님께서 당신을 잘 챙겨주시도록 맡겨드릴 수 있다.

기도 안에 머무르며

지금 자신이 어디에 있는지 되돌아볼 수 있는 공간을 마련하라. 묵상이 의미하는 것이 바로 이것이다.

때때로 삶의 흐름에서 벗어나 당신 앞에 있는 '진실'을 오랫동안 사랑스럽게 바라보는 시간을 가져보라. 당신에게 '진실'이란 아기든 하늘의 새와 달이든 음악이든 혹은 버스 창밖 풍경처럼 일상적인 모든 것이 될 수 있다. 자신에게로 돌아오는 습관을 기르면, 평범해 보이는 것들 뒤에 숨겨진 풍요로운 의미를 발견하게 된다.

이제 예수님을 당신의 성찰 속으로 초대해도 좋다. 바로 여기서부터 기도가 시작된다.

당신은 묵상과 기도, 죽음 사이에서 어떤 연결점을 볼 수 있는가?

삶의 마지막 무대

나는 '노인들의 집'이라고 불리는 곳을 자주 방문한다. 겉모습으로 보자면, 여기서 지내는 사람들은 성 바오로가 다소 거칠게 표현한 것처럼(2코린 4,16 참조) 쇠퇴해 가는 이들이다. 그들이 스스로 할 수 있는 일은 점점 줄어들고, 청력상실과 뇌졸중으로 인해 소통하기도 어려워진다. 인간적인 수준에서 보자면, 그들은 중요하지도 않고 부담만 되는 것처럼 보인다. 치매나 반혼수 상태에 있는 사람들을 방문한다는 것은 시간 낭비라고 생각할 수도 있다.

우리는 드러나지 않는 사랑의 행위인 하느님의 은총이 여전히 작용하고 있는 영역을 더 깊이 바라보도록 도전받는다. 말기 환자들은 이 은총을 통해 하느님께서 곧 넘치게 주실 엄청난 사랑으로부터 자신들을 막고 있는 모든 것에서 해방될 수 있다. 싱이 말한 것처럼 '우리는 죽는 순간에 영적으로 변화된다.' 내면의 깊은 갈등은 의식이 온전한 사람들뿐만 아니라 정신이나 기억이 온전하지 못한 사람에게도 마찬가지다. 과정이 지속되면서, 사람들은 자신들을 사로잡곤 했던 것들에서 물러나 진정으로 중요한 것에 초점을 맞추게 된다. 고요와 침묵은 수다와 소음을 대체한다. 지혜는 꽃피울 시간을 맞이하고, 평온이 불안을 대체하게 되며, 진정한 현실이 눈앞에 펼쳐진다. 우리는 이러한 변화를 '영적 변혁spiritual transformation'으로 해석할 수 있다.

어떤 죽음이 좋은 죽음일까? 마이클 케어니Michael Kearney의 *Mortally Wounded*(치명상을 입은)라는 책에서는, 죽어가는 사람들과의 경험에 대해 성찰한다. 그는 '건강을 위한 투쟁'에서 '치명상을 입었음'을 인정하는 단계로의 전환을 인식하는 것이 중요하다고 언급한다. 오직 그렇게 할 때, 비로소 우리가 두려움과 영혼의 고통에 대면할 수 있고 죽음을 삶의 한 부분으로 받아들이는 데 조금씩 나아갈 수 있다고 믿는다. 또한 그는 죽음이라는 고통의 뿌리가 종종 우리 영혼과의 단절을 일으킨다고 믿으며, 우리 존재의 가장 깊은 차원과 다시 마주하기 위해 개인적으로 노력할 것을 촉구한다. 케어니는 죽어가는 이들의 육체적·외적 돌봄에 있어 영적 건강에 대한 세심한 관심은 필수적인 보완 요소라고 강조한다. 내면의 깊이를 탐구하는 작업은 우리가 더 큰 온전함, 곧 두려움이 거의 사라지는 새로운 삶의 깊이로 향하는 길을 찾도록 해준다.

죽음은 안전하다

삶의 마지막 단계에서 우리 안에는 새로운 무언가가 태어나기 시작한다. 동양의 지혜에서는 대아大我가 우리 안에서 우세해지면서 소아小我가 점차 사라지게 된다고 말한다. 그리스도인들은 이 위대한 자아를 하느님에 대한 묘사로 생각할 수 있다. 우리는 자신에 대한 걱정을 내려놓고 더 큰 무언가로 나아가도록 도움을 받는다. 이는 물질에서 영으로의 거스를 수 없는 전환이다. 샤르댕은 쇠퇴의 과정을 가리켜 하느님으로 채우기 위해 인격을 비우는 것이라고 말한다. '비움'이란 영광이 뒤따르는 것으로 예수님과 관련하여 사용된다. 성 바오로는 우리가 예수님의 모범적인 자기 비움을 따르도록 권하면서 "그리스도 예수님께서 지니셨던 바로 그 마음을 여러분 안에 간직하십시오"(필리 2,5)라고 말한다.

이것은 결코 작은 변화가 아니다. 우리는 비워지는 것만 볼 뿐, 그 뒤에 오는 영광은 보지 못한다. 우리는 놓지 않으려 애를 쓰지만, 우리를 하느님께 가지 못하게 막는 것들을 움켜쥐고 있는 손에서 내려놓아야만 한다. 그래야 우리의 근원인 하느님과 더 깊은 관계로 성장할 수 있다. 싱은 "죽음은 안전하다! 당신은 안전하다. 당신이 사랑하는 사람은 안전하다. 당신이 안전하다는 것을 알아라"라고 강조하였다. 누군가의 죽음을 맞이하는 과정을 함께하는 것이 아무리 경외롭고 때로는 무서운 마음이 들더라도, 그 과정은 우리 삶의 경험을 가장 크게 변화시키고 영적으로 풍요롭게 해준다. 우리는 그분의 작품인 우리 각자를 완성하려고 하시는 하느님을 만날 준비를 하고 있다. 비록 그 작품이 우리 자신이나 다른 사람들에게 흠이 있고 가망 없어 보이더라도 말이다.(에페 2,10; 4,24 참조)

기도 안에 머무르며

다시 한번 예수님과 만나기 위해 가장 좋아하는 장소를 찾아보라. 그분과 무엇에 대해 대화하고 싶은지 미리 생각해 보라. 당신과 예수님이 함께 자리에 앉았을 때, 죽음의 공포가 그분에게는 어떤 의미였는지 여쭤보라.

겟세마니에서 예수님이 하신 기도에 대해 들어보도록 하라. 얼마나 피하고 싶으셨는지, 그럼에도 불구하고 무슨 일이 일어나건 받아들이겠다고 어떻게 순종하셨는지 말이다. 어쩌면 예수님은 당신의 손을 잡고 이렇게 말씀하실지도 모른다. "내가 그때 했던 기도를 함께 바치자꾸나. '아버지! 아버지께서는 무엇이든 하실 수 있으시니, 이 잔을 저에게서 거두어 주십시오. 그러나 제가 원하는 것을 하지 마시고 아버지께서 원하시는 것을 하십시오.'(마르 14,36)"

당신은 마음이 무언가 편안해지는 것을 느끼며, 예수님께 머물러 달라고 간청한다. 당신의 삶은 저녁을 향해가고 있고, 당신의 날은 거의 저물어 가고 있기 때문이다. 예수님은 미소를 지으시며 빵을 축복하시고 쪼개어 당신에게 주신다. 그리고 사라지신다. 하지만 신비롭게도 여전히 당신과 함께 계신다. 엠마오로 가던 제자들처럼 당신은 그 사실을 알고 있다.(루카 24,29-31 참조)

혼돈과 순종

자신이 죽음에 가까워지고 있음을 알게 된 사람들은 엘리자베스 퀴블러 로스E. Kübler-Ross의 「죽음과 죽어감」에서 이야기한 단계들을 경험할지도 모른다. 곧 부정, 분노, 협상, 우울, 수용이다. 이러한 여러 단계의 밑바탕에는 죽음의 위협을 조금이라도 늦추고 시간을 벌려는 본능이 깔려있다.

부정 뭔가 실수가 있는 게 틀림없어. 다른 의견을 들어봐야 할 것 같아.

분노 내가 하느님을 위해 모든 걸 했는데, 어떻게 나에게 이러실 수 있지?

협상 내가 이 모든 것을 극복하면 좋은 삶으로 인도될 거야.

우울 난 망했어. (이 단계에서는 심각한 충격과 우울감이 생길 수 있다. 말이 적어지고, 사람들과 거리를 두며, 음식을 거부할 수 있다.)

수용 나를 위해 해줄 수 있는 게 아무것도 없다는 얘기를 들었어. 이제 내 주변을 정리하는 게 좋겠어. (현실을 받아들이는 것은 생명을 연장시켜 줄 치료법이나 새로운 절차를 찾을 수 있을지도 모른다는 희망을 가질 수 있음에도 불구하고, 이 시점에서는 어떠한 방어도 남아있지 않다.)

여기에 싱은 그의 저서 *The Grace in Dying*(죽음 속의 은총)에서, 특히 중요한 두 단계의 경험, 곧 혼돈과 순종을 목록에 추가한다.

혼돈

죽음을 받아들이는 단계는 죽어가는 사람들이 새로운 영역에 들어서도록 준비시키는 과정이다. 여기서 '나는 누구이고, 삶은 도대체 무엇인가?'라는 가장 심오한 질문들과 마주하게 된다. 자신의 인격을 재구성하려는 힘든 싸움이 이어질 수 있지만, 환자의 어떤 노력으로도 이것을 이룰 수는 없다. 이때 새로운 깨달음을 얻게 된다. '나는 삶이 주로 나에 관한 것이라고 생각했는데, 이제 내가 떠나야 하는 상황에 있다 보니 내가 계속 놓치고 있었던 부분을 알게 되었다. 나는 우주라는 모니터 속에서 잠깐 나타났다 사라지는 점에 불과하다.'

그러나 은총은 항상 작용하고 있다. 당신은 슬픈 기억들, 회한과 수치심을 직면해야 할지도 모른다. 다른 사람들, 그리고 하느님의 용서가 필요하다. 이것은 자기 용서로 이어진다. 이전에는 그토록 중요했던 '나'라는 존재가 해체되기 시작한다. 이러한 변화는 고통스럽고 화가 날 수도 있다. 육체적 과정이 혼란스러워지고 점점 더 깊은 의존 상태에 들어서면, 정신과 인격의 과정도 그 나름의 혼란을 겪게 된다.

만약 이 지점에서 현명한 도움을 받게 된다면 명확함과 진실이 나타나기 시작할지도 모른다. 더 이상 '나'라는 존재는 없다. 여기서 '나'라는 말은 분리되면서 자기 충족적인 말이다. 나는 나 자신의 이미지를 만들고 독립적으로 되는 데 너무나 바빠서, 하느님을 인지할 시간이 없었다. 어떤 사람들은 오랫동안 그들 존재의 근거로부터 멀리 떨어지고 소원했을지도 모르지만, 이제 그들은 그것을 파악한다. 이것은 절망으로 나아갈 수도 있지만, 오히려 진리가 그들을 자유롭게 할 수 있다.

여기에서도 죽음의 은총은 그 모습을 드러낸다. 어떤 단계에서도 우리는 혼자 남겨지지 않는다. 물론 우리 자신의 힘은 부족하지만, 우리에게는 하느님이 계시고, 그것으로 충분하다. 아버지의 꾸준한 이끄심은 우리가 죽음의 고통을 이겨낼 수 있게 한다.

순종

'순종'은 환자가 사실상 이렇게 깨달을 때 나타난다. '하느님의 섭리에 따라 내 삶이 제자리를 찾아가고 있어. 나는 존재하지만, 혼자가 아니라 관계 속에서 존재하는구나. 삶은 나에 관한 것이 아니라, 전적으로 하느님에 관한 것이야! 나는 더 큰 정체성의 일부일 뿐이지.' 이런 사람은 변화의 여정을 잘 걸어온 것이다. 우리는 이미 묵상의 역동성을 살펴보았고, 묵상을 해본 사람들은 다른 사람들보다 이 길이 덜 힘들다고 느낄 수 있다. 기도와 찬양이 의미 있는 이유는, 마음과 행동에서 하느님을 첫째 자리에 두려는 노력이기 때문이다. 죽음을 통해 신앙인은 하느님과 더 깊은 관계 속으로 들어가게 된다.

그 여정이 진행되는 동안 불안과 분투는 줄어들 것이다. 방문객들은 환자가 단순히 본인을 위해 존재하는 것이 아니라 오히려 자신들을 위해 존재함을 깨닫게 된다. 불평을 하거나 트집을 잡는 일도 없다. 관대함, 평화, 지혜가 병상에서 빛을 발할 수도 있다. 유머 또는 한 자락의 미소가 누군가의 얼굴을 환하게 해줄지도 모른다.

특히 동방에서 발전한 동방교회 영성은 신성화에 대해서 많은 얘기를 하는데, 이는 우리를 사랑 안에서 성장하게 하는 하느님의 일에 대한 또 다른 표현이다. 하느님은 우리를 창조하셨고 우리를 혼자 내버려두지 않으신다. 오히려 하느님은 우리를 진정한 자녀로 만들기 위해 우리 안에서 끊임없이 일하신다. 달리 말하면, 우리는 하느님을 닮아가도록 부르심을 받았다. 우리의 마음에 부어진 하느님의 사랑이신 성령께서 우리 안에서 활발하게 일하신다. 우리가 이 세상의 변두리로 나아갈수록 영은 우리 안에서 더욱 자유로워지신다. 하느님의 사랑이 그렇듯이, 우리의 사랑도 제한이 없어진다. 이것이 바로 우리가 되고자 하는 목표이고, 동시에 '나는 누구인가, 그리고 인생은 도대체 무엇인가?'라는 우리 내면의 가장 깊은 질문에 대한 응답이다. 죽음은 끝이 아니라, 이 세상과 다음 세상으로의 문이 부드럽게 열리는 그 사이의 순간이다.

존 던의 시 구절로 마무리해 보자.

죽음이여, 우쭐대지 마라.
누군가는 그대가
강력하고 무시무시하다고 하였지만,
사실은 그렇지 않으니….
한 번의 짧은 잠을 자고 나면
우리는 영원히 깨어나리니,
더 이상 죽음은 존재하지 않으리라.
그러니 죽음이여 그대가 죽게 되리라.

기도 안에 머무르며

웨일스의 시인 딜런 토머스Dylan Thomas는 삶의 마지막 순간에 있는 아버지를 위해 시를 지었다. 그 한 구절을 옮겨본다.

> 저 어두운 밤으로 순순히 들어가지 마십시오.
> 노년은 날이 저물수록 불타오르고 울부짖어야 합니다.
> 꺼져가는 빛에 맞서 분노하고, 분노하십시오.

사랑하는 사람의 죽음과 당신 자신의 죽음 앞에서 갖게 되는 태도에 대해 예수님께 이야기해 보라. 그분이 무슨 말씀을 하시는가?

'앞으로 나아감'으로서의 죽음

프란치스코 교황은 '앞으로 나아감' 혹은 '변방으로 가는 것'에 대해 자주 언급하시며, 이것이 교회가 지녀야 하는 올바른 입장이라고 말씀하셨다. 교회는 방어적이고 자기 지시적이며 폐쇄적이어서는 안 된다. 오히려 예수님께서 "너희는 온 세상에 가서 모든 피조물에게 복음을 선포하여라"(마르 16,15)라고 명령하신 대로, 교회는 앞으로 나아가야 한다. '나아감'의 이러한 역동성은 우리에게 죽음의 여정을 바라보는 렌즈를 제공해 줄 수 있다. 더 얘기하기에 앞서, 나는 그 이미지가 당신에게 무엇을 암시하는지 살펴보고, 이어서 발견한 것을 친구들과 나누어 보라고 제안하고 싶다.

'앞으로 나아감'은 계시에서 근본적인 주제이며 성경에서 풍부한 함축적 의미를 갖는다. 창조 그 자체는 하느님으로부터 '나아감'이다. 홉킨스는 "하느님, 저는 당신에게서 왔고 이제 당신께로 돌아갑니다"라고 명쾌하게 표현한다. 우리는 하느님에게서 나왔으며 죽을 때 하느님께 돌아가기 위해 다시 나아간다. 보다 깊은 의미에서, 우리는 아버지로부터 성자의 나아감, 아버지와 아들로부터 성령의 나아감에 대해 말한다. 예수님은 아버지에게서 '세상 속으로 파견된' 존재로서, 다시 '아버지께로 돌아가는' 당신 자신에 대해 말씀하신다.(요한 16,17; 17,18 참조) 오래전 아브라함은 '나아가라'는 말씀을 들었고, 그 역동적인 명령 안에서 구원의 역사가 시작되었다.

작은 상자들

'앞으로 나아간다'는 것은 신적 실재의 역동성인 것처럼 보이며, 우리도 그렇게 살아가야 한다고 생각할 수 있다. 그러나 우리는 안전하고 익숙한 자리에 머무르기를 좋아한다. 그래서 젊은이들에게 마치 그것이 인생의 목적이라도 되는 양 "언제쯤 정착할 건가요?"라고 묻곤 한다. 젊었을 때의 내 꿈 또한 연금을 받을 수 있는 은행에서 일하고, 집을 사고, '꾸준히' 만나는 여성과 결혼하고, 가톨릭 교육을 받는 사랑스러운 가정을 꾸리는 것 등이었다. 피트 시거Pete Seeger의 〈작은 상자들〉은 이런 식의 안주와 반복된 삶의 방식을 부드럽게 풍자한 노래다.

노래에 담긴 메시지는 존중하지만, 우리는 '모두 획일화된 존재', '모두 똑같은 외모를 갖고 있는 존재'가 아니라는 점을 말하고 싶다. 우리 각자는 하느님과 닮은 모습으로 특별하게 만들어졌다. 우리는 하느님이 지니신 특별한 면을 드러내야 한다. 우리에게는 진정으로 신성한 측면이 있다. 홉킨스는 우리가 '불멸의 다이아몬드'라고 언급한다. 하느님은 우리를 개별적으로 생각하신다. 하느님은 우리 각자를 선택하시고, 원하시고, 갈구하시며, 무한히 사랑하시고, 불멸과 순결함으로 운명 지으셨다. 하느님은 우리를 다시 데려가고 싶어 하신다! 하느님의 역사는 우리가 단순히 주변을 빙빙 돌도록 내버려 두지 않을 것이다. 우리에게는 출발점과 도착점이 있다. 우리는 '집으로 가는 길'에 있다. 죽음은 이 여정의 가장 중요한 순간이다. '앞으로 나아감'은 아직 경험해 보지 않은 지평, 방문해야 하는 새로운 세계를 품고 있는 표현이다. 프란치스코 교황은 '앞으로 나아감'을 '변방'으로 가는 여정과 연결시킨다. 변방은 가장 먼 곳, 가장 소외된 곳을 의미한다. 그것은 죽음의 여정에 대한 지평을 끝없이 넓혀주는 말이다.

나아가라

우리가 임종을 맞이하는 순간에 대비하여 교회는 이 극적인 기도를 만들었다.

그리스도인의 영혼이여, 이 세상을 벗어나 나아가라.
당신을 창조하신 전능하신 아버지 하느님의 이름으로
당신을 위해 고통받으신, 살아계신 하느님의 아들
예수 그리스도의 이름으로
당신에게 풍성히 베풀어 주시는 성령의 이름으로.
앞으로 나아가라, 충실한 그리스도인이여!

죽어가는 사람은 단순히 공허함, 어둠, 무無의 공간 속으로 나아가는 것이 아니다. 자신의 연인에게 "우리 둘 다 영원한 밤의 수면을 기다린다"라고 말한 라틴계 시인의 확신을 성찰하며, 세속적인 인문주의자들은 죽음이 모든 것의 끝이라고 믿었다. 반대로, 그리스도교 신앙은 우리가 삼위일체의 강하고 사랑 넘치는 보살핌 속에서 죽는다고 강조한다. 하느님의 아드님은 우리를 집으로 데려가기 위해 오셨다. 예수님께서는 '나는 너희를 위한 자리를 마련하러 간다'고 하시며, "다시 와서 너희를 데려다가 내가 있는 곳에 너희도 같이 있게 하겠다"(요한 14,3)라고 말씀하신다. 우리는 거룩한 삼위의 가정으로 들어가게 된다. 그곳에는 성모님과 천사들, 성인들, 그리고 먼저 세상을 떠난 모든 친구들이 우리를 기다리고 있다. '앞으로 나아간다'는 것, 곧 아버지께로 돌아가는 것은 믿을 수 없을 정도로 활기찬 귀향으로 드러나게 된다! 그리고 탕자가 돌아온 것처럼 천상의 잔치가 시작된다.

복음은 모든 것을 버리고 예수님을 따라나선 제자들에 대해 이야기한다.(루카 5,11 참조) 죽음은 우리가 소중히 여겼던 모든 것을 상실한다는 의미를 갖고 있으며, 이는 너무나 마음 아픈 일이다. 그러나 하느님과 함께하는 영원한 삶이 보상으로 주어지는데, 여기에는 우리가 더 이상 돌이킬 수 없이 상실한 모든 것이 포함된다. 삶의 노년기에 읽을 만한 시

〈천국의 사냥개〉에서, 프랜시스 톰슨Francis Thompson은 하느님의 말씀을 이렇게 전한다.

> 너의 어린애 같은 착각에 잃어버렸다 여겼던
> 그 모든 것을 내가 널 위해 집에 간직해 두었다.
> 일어나, 나의 손을 잡고 가자!

제론시오

〈제론시오의 꿈〉(제론시오는 '노인'을 의미하는 단어)은 죽음이 어떤 모습일지에 대한 극적인 이미지를 보여주는 시다. 1865년 뉴먼이 쓴 작품으로, 사후 세계를 탐구한 단테의 「신곡」에서 많은 영감을 받았다. 이 시는 죽어가는 한 남자의 기도로 시작된다. 이어서 사제는 제론시오가 자신을 기다리고 있는 기쁨으로 나아가도록 청하는 기도를 바친다. 그의 수호천사는 시간과 공간이 변하는 영들의 세계로 그를 안내한다. 천상 성가대의 지지와 사탄 무리들의 조롱을 받으며, 그는 이상하게도 두려움보다는 오히려 기쁨을 느낀다. 하느님과 마주하는 그 짧은 순간, 그는 사랑뿐만 아니라 자신의 삶으로 인한 혼란과 부끄러움에 휩싸인다. 그는 이렇게 간청한다. “저를 멀리 데려가 주십시오. 이제 곧 제가 일어나 위로 올라가면 영원한 날의 진리 안에서 그분을 뵙게 해주십시오!” 그는 자신이 천국에 들어올 준비가 될 때까지 연옥의 천사들이 보살펴 줄 것이라는 말을 듣게 된다. 이 시는 희망의 메시지로 끝을 맺는다.

안녕, 그러나 영원한 작별은 아니라네, 나의 형제여.
슬픔 가운데 용감해지고 인내하시게.
여기서 겪는 시험의 밤은 빠르게 지나가니,
내가 내일 그대를 찾아와 깨울 것이라네.

뉴먼의 이 훌륭한 시는 그 시대에 걸맞은 작품이다. 우리가 이 시를 그 자체로 받아들인다면 여기서 교훈을 얻을 수 있다. 이 시는 하느님의 초월적인 위대하심에 대해 깊은 경외심을 표현한다. 우리와 같은 작은 존재들이 하느님과 얼굴을 마주하게 될 때, 우리는 비로소 우리 자신을 있는 그대로 알게 될 것이다. 그리고 우리의 영원한 행복은 오직 예수 그리스도를 통해 우리에게 드러난 하느님의 자비와 선하심에 달려있다는 것을 깨닫게 될 것이다. 이 작품은 에드워드 엘가가 곡을 붙여 만든 성가 〈지극히 거룩하신 분을 찬미하여라〉와 1900년에 작곡한 웅장한 합창곡으로도 감상해 볼 수 있다.

기도 안에 머무르며

'내 삶의 아멘'이라고 부르는 이 간단한 연습은 당신 삶의 빛과 어둠, 기쁨과 슬픔을 통합하도록 도와줄 수 있다. 이는 하나의 렌즈로서, 지난 일들을 묵상하며 바라볼 수 있게 해준다. 우리는 관상에 대해 '현실을 사랑스러운 눈길로 오래 바라보는 것'으로서, 단지 아름다움뿐만 아니라 추함까지도 보는 것으로 묘사하였다. 이것이 하느님께서 당신을 관상하시는 방식이다. 이 연습을 함으로써 당신은 선택할 수 없을 때까지 결정을 미루기보다는, 지금 여기서 하느님을 향한 최후의 선택을 할 수 있다.

이제 빈 종이를 꺼내보라. 왼쪽 맨 위에 '사랑하는 하느님께'라고 쓰고, 오른쪽 아래에는 당신의 이름을 적은 다음, 그 아래에 '아멘'이라고 쓴다. 가운데 빈 공간에는 당신의 활동과 업적, 아픔,

고통, 실패, 그리고 죄악까지, 당신 삶의 역사로 채운다. 이 모든 것을 하느님께 드리고, 그 안에서 선을 이끌어 내달라고 청한다.

마지막 말인 '아멘'은 놀라울 정도로 풍요롭다. 이는 확고한 헌신의 표식으로서 이렇게 고백하는 것이다. "주님, 이것이 제 삶의 노래입니다. 제 노래는 밋밋하고, 여기저기 글도 엉망이지만, 그게 저입니다. 저는 당신을 사랑하고 제 노래를 당신께 바칩니다."

예로니모 성인이 사막에서 예수님을 만난 전설에 따르면, 예수님의 요구에 따라 그는 자신이 한 일과 보속, 기도를 쭉 열거하였다. 그러자 잠시 침묵이 흐른 뒤 예수님은 이렇게 말씀하셨다. "네가 지은 죄도 말해줘야지!" 확실히 그 빈 종이에는 하나도 숨길 필요 없이 어떤 것이든 전부 다 쓸 수 있다!

우리 삶의 시간들은 카나에서의 물동이와 같다. 그 물동이들이 마지막에 최고의 포도주를 담기 위해서는 하느님 창조의 말씀이 필요하다. 하느님은 이를 하실 수 있고, 또 하실 것이다. 그러므로 '아멘'은 '사랑하는 하느님, 이로써 저는 밝고 어두운 그 모든 그늘 속에서 당신께 저의 삶을 맡기고자 합니다. 당신의 선하심과 자비하심으로 제 삶을 상상할 수 없을 만큼 놀라운 것으로 바꾸어 주실 것임을 믿습니다'라는 뜻이다.

사랑 안에서의 성찰

인류에 대한 하느님의 심판은 많은 사람들에게 중요한 관심사다. 영원한 행복과 슬픔이 그 심판에 달려있기 때문이다. 두려움이 자주 엄습하는 이유도 모든 이가 하느님의 영광에 미치지 못하고, 그분 앞에서 의로운 사람은 아무도 없기 때문이다. 예수님의 말씀을 듣던 익명의 어떤 사람은 그분께 이렇게 여쭈었다. “구원받을 사람은 적습니까?”(루카 13,23) 이 질문은 모든 신자들이 물어보고 싶은 말이었기에, 그 사람이 우리 대신 나선 것이라고 할 수 있다. 자기 자신의 구원뿐만 아니라 인류 전체의 구원이 주요 쟁점으로 되고 있는 것이다.

Where to from Here? The Christian Vision of Life After Death(여기에서 어디로? 죽음 이후의 삶에 대한 그리스도인의 비전)라는 책에서,

나는 모든 이의 구원을 위해 몇 가지 쟁점들을 제시했다. 프란치스코 교황은 "모든 것이 끝나도 우리는 무한한 사랑을 받는다"라고 말씀하셨다. 이 무한한 사랑은 끝나지 않으며 우리에게 등을 돌리지도 않는다. 오히려 하느님은 보편적인 구원에 뜻을 두시고, 그것을 가능하게 하시며, 이를 달성하기 위해 모든 것을 쏟아부으신다. 우리와 관련된 하느님의 활동은 창조적이고 생명을 주며 사랑으로 가득 차있다. 우리가 심판받을 때 교회는 이와 같은 일이 일어나기를 당연히 희망한다. 그러므로 우리는 모든 이의 구원을 위해 기도해야 한다. 교회가 복음을 전하는 데 시급함을 느끼는 이유는, 모든 예상과 달리 지옥을 텅 빈 공간으로 만들어 낼 수 있기 때문이다.

화해는 신약성경의 핵심으로서 주로 하느님과 인간 사이의 화해이지만 결과적으로 우리 인간들 사이의 화해다. 성 바오로는 "하느님께서는 그리스도 안에서 세상을 당신과 화해하게 하시면서"(2코린 5,19)라고 말한다. 복음의 핵심은 예수님께서 세상의 죄를 씻으셨기 때문에 우리가 두려움 없이 심판의 날을 마주해야 한다는 것이다.(요한 1,29; 1요한 4,18 참조) 인류는 진정 유죄이지만, 하느님께서 우리에게 무죄를 선고하셨으니 누가 우리를 비난할 수 있겠는가?(로마 8,31–39 참조) 하느님은 파국적인 세상에 이미 심판을 내리셨지만, 심판은 호의적이고 자비롭다.(요한 3,16-17 참조) 예수님은 그분의 거룩한 뜻을 명확하게 제시하신다. 곧 "모든 사람을 나에게 이끌어 들일 것"(12,32)이라는 말씀이다. 그러므로 우리는 당연히 모든 이들이 구원받도록 희망하고 기도해야 한다. 전례에서는 예수님과 우리 사이의 연대가 '너무나 밀착되어 있어서 결코 끊어질 수 없는 사랑의 유대'라고 이야기한다. 예수님은 우리 없이 성부께 돌아가지 않으시리라는 것을 믿어도 좋다. 하느님의 계획은 성취될 것이다.

서로에 대한 회심

당신은 이렇게 질문할 수도 있겠다. 도대체 선하게 되려고 애쓰는 게 무슨 의미가 있는가? 우리가 영원한 삶으로 건너가는 것을 마치 관광객이 한 대륙에서 다른 대륙으로 옮겨가는 것처럼 생각하는 것은 우리 실존의 핵심을 놓치는 것이다. 그야말로 당신은 하느님처럼 되기 위해 창조되었다. 이는 당신이 하느님뿐만 아니라 이웃과 함께 사랑 안에서 끊임없이 성장해야 한다는 것을 의미한다. 영원한 삶은 전적으로 공동체와 관련이 있다. 우리가 하느님과 '평온한' 관계를 누릴 수 있는 순간은 오직 모든 이와 화해를 이루었을 때다. 화해는 값비싼 대가를 치르는 일이다. 남아프리카공화국의 '진실과 화해 위원회'에서 이루어진 투쟁들을 떠올려 볼 수 있겠다. 데스몬드 투투Desmond Tutu 대주교가 이 위원회의 의장이었으며, 1988년에 이 위원회의 활동이 넬슨 만델라Nelson Mandela 대통령에게 보고되었다. 이 위원회는 영웅적인 노력을 기울였고, 그 결과 적어도 부분적인 성공을 거두었다. 이는 훗날 모든 인류가 하느님 앞에 합당하게 서기 위해 다 같이 얼마나 많은 노력을 기울여야 할 것인지를 암시하고 있지 않은가?

서로에 대한 회심은 마음의 변화를 의미한다. 2500년 전에 하느님께서 약속하신 대로, 돌로 된 마음은 살로 된 마음으로 대체되어야만 한다.(에제 36,26 참조) 예수님은 우리가 서로 사랑하고 용서해야 한다고 분명하게 말씀하신다. 당신은 마음과 영혼, 힘과 뜻을 다해 하느님을 사랑하고, 이웃을 자기 자신처럼 사랑하라는 명령을 받았다. 이것은 조심스럽고 속좁은 사랑이 아니라, 다른 모든 이들에게 가장 좋은 것을 바라는 너그러운 사랑이다.

우리는 나이가 들어가면서, 다음의 (한 가지) 거룩한 뜻에 맞춰나가게 된다. 곧 우리 모두는 궁극적으로 하느님의 사랑 공동체에 온전히 참여할 수 있다는 것이다. 과연 그럴 준비가 되어있는지 우리는 스스로에게 질문할 수 있다. 나는 모든 이들이 평안하기를 바라는가? 나에게 상처를 준 사람들을 마음으로부터 용서할 수 있는가? 그리고 내가 준 상처들을 치유하기 위해 지금이라도 무엇을 할 수 있는가? 다른 이들에게 상처를 주었을지 모르는 무의식적인 태도나 행동에 대해서는 어떤가? 나는 이것을 모르고 있지는 않은가? 여러 해 전, 공동체 회원 중 한 명이 나에게 "넌 나를 두렵게 만들어!"라고 말했던 적이 있었다. 나의 즉각적인 반응은 "아니야. 전혀 그렇지 않아!"였다. 하지만 그는 아니라고 하면서, 나의 에너지 넘치는 성향이 얼마나 자주 그를 힘들게 만들었는지 설명해 주었다.

하느님의 뜻을 다른 사람들보다 더 빨리 깨닫는 사람들이 있다. 그들은 우리 모두에게 축복과 같은 존재다. 그러나 우리 가운데 많은 이들은 하느님께서 우리를 통해 이루고자 하시는 일이 무엇인지 그저 희미하게 인식할 뿐이다. 그래서 우리는 '아!'라는 깨달음보다는 그냥 평범하게 지나치는 것으로 만족해 버린다. 만약 당신이 이런 유형에 속한다면, 자신이 다른 이들에게 어떻게 고통을 주었는지 보여달라고 기도하는 것도 좋다.

내 얘기를 해보자면, 나는 나의 실패와 약점에 대해 과거보다 잘 알고 있다. 나는 때로 사람들을 자극하는 유형이고, 다른 이들을 얕보거나 그들에 무감각하며, 자기중심적이고, 평범함, 질투, 남보다 더 낫다고 믿는 오만함, 도움이 필요한 이들에 대한 배려 부족, 강요와 회피, 감사함의 부족, 하느님의 창조물에 대한 관심 부족 등, 내 약점의 목록은 끝없이 증가할 수 있다. 지금까지 나는 '그리스도처럼' 될 작정이었다! 나는 자주 '핵심을 놓쳤다'고 확실히 말할 수 있는데, 이 핵심을 놓치는 것이 성경에서 죄 개념의 근간을 형성한다. 내가 하느님을 직접 만나기 전에 이제 그 진실을 인지해야 한다. 그리고 할 수 있는 만큼 내가 야기한 피해를 회복시켜야 한다. *God, You're Breaking My Heart*(하느님, 당신은 제 마음을 아프게 하시네요)라는 책에서, 하느님이 나의 굳은 마음을 따뜻하고 부드러운 사랑의 마음으로 바꾸기 위해 어떻게 일하시는지를 더욱 철저하게 탐구하였다. 이러한 내적 변화가 이루어질 때 비로소 홉킨스의 시가 내 안에서 진실하게 울려 퍼질 것이다.

내가 순식간에 그리스도와 같이 되는 것은
과거의 그분이 지금의 나와 같았기 때문이라네.
여기 이 사람, 농담, 보잘것없는 질그릇 조각, 덧댄 천 조각,
불쏘시개, 불멸의 다이아몬드,
그분은 불멸의 다이아몬드라네.

사랑을 배우는 과정

예수님께서는 부활하신 후 호숫가에서 베드로에게 오직 한 가지 똑같은 질문을 던지셨다. 그것은 베드로가 참혹하게 배신했던 주님과의 관계를 영원히 결정지을 수 있는 질문, 곧 "너는 나를 사랑하느냐?"(요한 21,15-17)였다. 십자가의 성 요한은 '삶의 황혼기가 되면 당신은 사랑 안에서 질문을 받게 될 것이다'라고 하였는데, 이 말은 예수님의 말씀을 떠올리게 한다. 우리가 받게 되는 그 질문은 지금도 우리에게 던져지고 있다. '이것이 나의 유일한 계명이니 너는 사랑하며 살아가겠느냐?' 이렇게 결국 판단은 우리 손에 달려있는 것이다. 나는 "주님, 주님께서는 모든 것을 아십니다. 제가 주님을 사랑하는

줄을 주님께서는 알고 계십니다"(요한 21,17)라고 말씀드릴 수 있는가? 그렇게 할 수 있다면, 나도 베드로처럼 그리스도의 사절로 살아가라는 임무를 부여받은 것이다.(2코린 5,20 참조)

나는 연옥을 시간과 영원 사이에서 사랑을 배우는 과정으로 바라볼 것을 제안한다. 죽음 이전에 당신 안에서 꽃피웠어야 할 사랑이, 이제 하느님 사랑과의 압도적인 만남 속에서 피어날 것이다. 아마도 그것은 모든 것을 밝혀주는 갑작스러운 통찰이 될 것이다. 곧 당신이 하느님과 다른 이들에게 얼마나 꾸준히 사랑받았는지, 그 사랑에 대한 응답에는 얼마나 소홀했는지, 그리고 당신이 상처를 준 사람들에게 어떻게 용서를 구해야 하는지를 비춰줄 것이다.

그렇다. 우리는 상호 화해의 영 안에서, 그리스도께서 목숨을 바치신 우리의 모든 형제자매들을 분명 만나게 될 것이다. 복음의 중심 내용인 용서가 풍성하게 요청되고 또 주어질 것이다. 우리가 이 삶에서 마주했던 사람들을 다시 만나게 될 때, 행복하게도 많은 이야기들이 오갈 것이고 우리 모두는 서로를 완전히 알게 될 것이다. 여전히 자기의 잘못을 인정하거나 용서를 받아들이기 힘들어하는 사람들은 그들을 위해 탄원해 주시는 예수님을 포함하여, 그리스도 몸의 다른 지체들을 발견하게 될 것이다.(1코린 12,26 참조) 일부 신학자들은 모든 사랑에서 스스로를 배제한 사람들도 주님을 만나게 될 것이라고 말한다. 바로 주님께서 당신의 죽음 이후 저승에 내려가심으로써 지옥마저도 그분의 영역으로 만드셨기 때문이다.

기도 안에 머무르며

당신은 어떤 의미에서 사랑을 배우는 과정이 필요하다고 보는가?
당신의 사랑은 다른 이들의 곤경에 더 이상 무관심하지 않는 절대적인 사랑인가?
베드로와 함께 호숫가에 있다고 생각해 볼 수 있겠다. "너는 나를 사랑하느냐?"라는 그분의 질문이 당신의 마음속에 깊이 울려 퍼지게 하라. 당신은 무엇이라고 대답할 것인가?
예수님은 그 대답을 들으신 후, 당신에게 무엇을 하라고 하시는가?
당신의 따뜻한 보살핌이 필요한 가난하고 연약한 양은 누구인가?

죽음을 앞둔 사람 곁에서

삶의 마지막을 보내는 사람을 돌보는 것과 하느님과의 관계 사이에는 깊은 연관성이 있다. 그렇기에 이들을 돌보는 영성에 대해 이야기하는 것은 당연한 일이다. 여기서 중요한 것은 임종을 지키면서 무엇을 보느냐는 것이다. 사랑하는 사람의 삶이 끝나갈 때 당신은 놀랄 수도 있고 괴로울 수도 있다. 그러나 보이는 것을 넘어서서, 당신은 지금 펼쳐지고 있는 어떤 거대한 신비를 경험할 수 있는가?

태아가 엄마 뱃속 밖의 세상을 모르는 것처럼, 죽음을 앞둔 사람도 하느님께서 준비하신 세계가 얼마나 풍요롭고 놀라운지 전혀 알지 못할 수도 있다. 그러나 당신은 그 상황에서 무엇을 해줄 수 있는가? 당신은 죽음에 대해 어떤 가치 있는 믿음을 갖고 있는가? 만약 죽음을 맞이하는 사람이 '나에게 무슨 일이 일어나고 있는 겁니까?'라고 묻는다면, 당신은 무엇에 근거를 두고 말할 것인가?

거대한 신비 속으로

우리는 죽음이라는 헤아릴 수 없는 신비 앞에서 갈팡질팡한다. 이 신비를 풀 수 없지만, 그렇다고 무시할 수도 없다. 우리는 임종의 순간에 그 자리를 피하거나 뭔가를 주도적으로 하려고 해서도 안 된다. 죽어가는 환자라 할지라도, 그들은 하느님의 손안에 있으며, 그분께서 사랑 안에서 그들의 성장을 완성으로 이끄시기 때문이다. 이것이 가장 중요한 현실이다. 우리가 그들에게 줄 수 있는 모든 도움은, 육체의 삶은 약해져 가더라도 하느님은 그로부터 선을 가져오시기 위해 모든 고통과 혼란 속에서도 일하고 계신다는 확신에서 비롯된다. 성 바오로는 "우리는 낙심하지 않습니다. 우리의 외적 인간은 쇠퇴해 가더라도 우리의 내적 인간은 나날이 새로워집니다. … 바로 이 일을 위하여 우리를 준비시키신 분은 하느님이십니다"(2코린 4,16; 5,5)라고 말한다.

우리는 샤르댕이 수동성의 신성화에 관해 묘사한 바를 앞서 언급하였다. 그는 우리에게 일어나는 일들 가운데 우리가 제어할 수 없는 것들을 일컬어 '수동성passivities'이라고 표현하였다. 샤르댕은 노년이 하느님으로부터 오고, 우리를 하느님께로 이끌며, 하느님께서 원하시는 한 우리의 내면을 건드릴 수 있다고 말한다. 죽음에 수반되는 공허함은 극적이고 종종 고통스러운 양상을 띠지만, 이 모든 것은 우리가 "하느님의 온갖 충만하심으로 충만하게 되기를"(에페 3,19) 염두에 둔 것이다. 죽음을 앞둔 사람들은 "그리스도는 그러한 고난을 겪고서 자기의 영광 속에 들어가야 하는 것이 아니냐?"(루카 24,26)라는 예수님의 말씀을 떠올리며 도움을 받을 수 있다. 여기서 예수님은 당황해하는 제자들에게 고통과 죽음에 대한 근본적으로 새로운 해석을 제시하신다. 그것은 고통과 죽음이라는 현실을, 인내하고 사랑으로 받아들임으로써 재앙이 아닌 영광으로 변화시키는 것이다. 만약 우리가 죽음을 앞둔 사람과 이러한 신앙의 관점을 공유할 수 있다면, 우리는 할 일을 잘 해낸 셈이다.

하느님은 무엇을 원하시는가?

죽어가는 사람들을 동반하는 이들은 그들의 행동이 고통스럽거나 당황스러울 때조차도, 존경과 경의를 보여주고 존엄하게 대함으로써 하느님을 대신하여 행동해야 한다. 임종을 앞둔 사람들은 체크리스트에 적힌 물건처럼 다루거나 참아줘야 하는 대상이 아니며, 하물며 무시하거나 경멸해서도 안 된다. 모든 사람은 하느님께서 사랑하시는 존재다. 이것이 바로 우리 차례가 왔을 때 우리가 스스로에게 바라는 것이다.

이야기를 나누며 잊힌 기억을 떠올리게 함으로써, 우리는 그들의 고통과 외로움을 덜어줄 수 있다. 때로는 그들을 미소 짓게 할 수도 있다. 비록 말로 소통을 하지 못하더라도 다른 방법이 있다. 말하고, 읽고, 큰 소리로 기도할 수 있다. 그들의 청력이 아직은 괜찮을 수 있기 때문이다. 부드럽게 악수하거나 가볍게 쓰다듬는 일도 환자들이 혼자가 아니라는 것을 아는 데 도움이 될 수 있다. 한 친구가 갑자기 시력을 잃었다가 몇 주 후에 회복한 어떤 아이의 이야기를 들려주었다. 시력을 되찾았을 때 무슨 생각이 들었는지 묻자, 그 아이는 조금 아쉬웠다고 대답했다. 왜 그럴까? 그 이유에 대해 그 아이는 이렇게 말했다. “제가 시력을 잃었을 때 사람들이 저를 대했던 것처럼, 계속해서 그렇게 해주기를 바랐기 때문이에요. 그들은 사랑을 담아 저를 부드럽게 잡아주었어요. 마치 자신들이 제 곁에 있다는 것을 알려주는 것처럼 말이에요. 저는 그 마음을 잃고 싶지 않아요.”

치매와 함께 춤을

호주의 성공회 신자이자 세 아이의 엄마인 크리스틴 브라이든은 46세의 나이에 치매 진단을 받았다. *Who will I be when I die?*(나는 죽을 때 어떤 사람일까?)와 *Dancing with Dementia*(치매와 함께 춤을)의 저자로서, 환자와의 소통에 대한 우리의 지평을 확장시켜 주었다. 그녀는 다음과 같이 적었다.

> 사라져 가는 나 자신과 나의 인격과 나의 ‘본질’을 향해서 여행하는 동안, 하느님과 나의 관계는 그리스도의 몸 안에서 ‘또 다른 나’라고 할 수 있는 당신으로부터 더 많은 지지를 필요로 합니다. 성령께서 우리를 연결시켜 주시니, 어떤 상태에

서든 나를 포기하지 말아주십시오. 성령께서는 우리 정신과 두뇌가 아니라 우리의 영혼과 영을 연결시키십니다. 나에게 봉사해 주고, 나와 함께 노래 부르고 기도하고 나를 위해 기억이 되어줄 당신이 필요합니다. 당신이 나를 위해 그리스도의 빛이 되어주고, 나의 정체성을 확인하며 나와 함께 걸어주기를 원합니다. 나는 당신을 한눈에 알아보지 못할지도 모르고, 당신이 누구인지 혹은 당신이 나를 찾아왔었는지도 기억하지 못할 수 있습니다. 그러나 당신과 함께 그리스도께서 나에게 오셨습니다. 그러니 그리스도께서 당신을 통해 일하시도록 기꺼이 자신의 마음을 열어주시기 바랍니다.

우리 자신에게로 돌아가기

환자가 혼수상태에 있거나 우리가 흔히 말하듯 의식이 없을 때, 삶의 마지막을 지키는 시간은 허무하고 길게 느껴질 수 있다. 그러나 이 기다림은 우리 자신을 돌아볼 시간을 주기에 그 자체로 풍요롭다. 은총은 두 사람 모두를 밝혀주는 신성한 불꽃과 같아서, 다른 사람을 도우면서 나 자신도 도움을 받는다. 그래서 언젠가 우리 차례가 되어 미지의 세계와 마주하게 될 때, 우리는 어떤 사람이 되고 싶은지 성찰해 볼 수 있다. 나의 어머니가 받은 최고의 찬사는 누군가 나에게 "4호실에 계신 저 은총 충만한 여성은 누구시죠?"라고 물었을 때다. 어머니는 호스피스로 옮겨가는 것을 두려워하셨다. 그러나 일단 안정을 되찾고 나자 감사해하시며 자주 미소를 지으셨다. 나는 어머니의 모습에서 한 가지 교훈을 얻었다!

우리 모두는 '품위 있게 죽기를' 원한다. 그러나 죽음은 급격한 굴욕의 상황을 야기할 수도 있다. 총명했던 정신은 치매로 희미해지고, 예의 바른 사람이 주기적으로 울부짖거나 안절부절못하고 폭력적으로 될 수도 있다. 당신은 이 모든 것에서 무엇을 배우고 있는가? 만약 당신이 자기 일을 통해 다른 이의 죽음이라는 고통에 함께한다면, 당신에게 주어진 기다림의 시간은 아주 특별한 시간이 될 수 있다. 사회적으로 흔히 자신을 방어하는 가식과 허울을 걷어낼 때 당신은 삶에서 진정으로 중요한 것이 무엇인지 더욱 깊이 있게 보게 된다.

죽음을 넘어선 변화

우리가 삶에서 성장한다는 것은 조금씩 내적으로 깊어진다는 의미다. 우리는 죽음을 받아들이고, 진정으로 가치 있는 것이 무엇인지 깨닫게 된다. 이 내면의 풍요로움은 우리가 죽으면서 끝나게 되는가, 아니면 우리의 내적 감각이 꽃피기 시작하여 자연, 관계, 그리고 홉킨스가 말하는 '깊은 내적인 것들'과 같은 현실을 더욱더 완전히 경험하게 되는가? 기억과 상상, 이해와 사랑, 진선미에 대한 이해는 비약적인 발전을 이룰 것인가? 소설 「맨 오브 라만차」에 나오는 돈키호테처럼, 우리는 불가능한 꿈을 꾸고 그 꿈이 이루어지는 것을 보게 될 것인가? 우리가 '하느님'이라고 부르는 영원한 현재는 과거와 미래까지 그 안으로 모아들이고, 우리는 그 풍요로움 속에서 선한 모든 것을 영원히 누리게 될 것인가?

여기서 우리는 '끝나지 않았으면 좋겠어!' 하고 바라는 찰나의 순간들을 경험한다. 그러한 바람은 이루어질 것인가, 아니면 마음의 갈망은 그저 속임수에 불과할 것인가? 아리스토텔레스는 신들이 행복하다고 주장했다. 우리도 하느님처럼 행복할 수 있을까? 성 이레네오는 온전히 살아있는 인간이야말로 하느님의 영광이라고 했다. 온전히 살아있다는 것, 이것이 우리의 운명인가? 현세에서 우리를 살아가게 해주는 미래의 기쁨에 대한 하느님의 약속은 이루어질 것인가? 베일이 걷히면, 하느님은 우리를 황홀할 정도로 사랑하는 존재로서 드러나실 것인가? 그때 우리는 완전히 변모된 존재로서 응답하게 될 것인가? 예수님의 부활이 우리의 부활을 의미한다고 희망할 수 있는가? 아니면 이 모든 것이 진실이라고 하기에는 너무나 좋은 것인가?

이제 우리는 이 책의 마지막 세 번째 부분으로 들어간다. 오늘날 우리가 듣게 되는 모든 부정적인 목소리에도 불구하고, '하느님'이라고 부를 수 있는 어떤 창조자의 실존을 믿는 것은 여전히 이치에 맞는 일이라는 것을 믿어주기를 바란다. 더 나아가, 그분은 자신이 만든 모든 것을 사랑하시고, 한 분이지만 세 위격으로서 자신을 드러내신다. 이는 하느님이 고립된 존재가 아니라 공동체적인 존재이심을 의미한다. 곧 다른 존재들과 함께 기뻐하시고, 사랑하시고, 웃으시며, 모든 피조물을 향해 활짝 열려있는 존재시라는 것이다. 세 위격은 인간과 연대하시고, 사랑하는 아들딸인 우리를 가족공동체로 초대하신다. 그리고 마침내 모든 악과 고통, 죽음이 변모되고,

일치와 상호 간의 기쁨, 존경과 나눔이 모든 관계에서 묻어나게 될 보편적 공동체 안에서 우리는 하느님과 함께 기뻐하게 될 것이다.

이러한 배경을 바탕으로, 우리 가운데에 계신 그리스도, 영광의 희망(콜로 1,27 참조)이신 그분의 신비를 살펴보자.

3부

영광의 영성

우리는
변화할 것이다

우리 가운데 대다수는 헨델의 메시아에서 '우리는 모두 변화할 것이다'라는 구절을 들어보았을 것이다. 헨델은 성 바오로에게서 이 구절을 가져왔다. "자, 내가 여러분에게 신비 하나를 말해주겠습니다. 우리 모두 죽지 않고 다 변화할 것입니다. 순식간에, 눈 깜박할 사이에, 마지막 나팔 소리에 그리될 것입니다. 나팔이 울리면 죽은 이들이 썩지 않는 몸으로 되살아나고 우리는 변화할 것입니다."(1코린 15,51-52) 이 변화야말로 얼마나 급진적인 것인가?

우리는 자주 변화를 거부한다. 특히 예상되는 이익보다 따라오는 손실이 더 크다고 느낄 때는 더욱 그렇다. 나이가 들수록 인생의 최고 시기는 지나갔고, 앞으로 기대할 것은 별로 없다고 느낀다. 홉킨스가 '슬프고 눈에 띄지 않는 회색빛의 전령들'이라고 표현한 백발을 피해보려 하지만 소용이 없다. 우리가 아무리 안간힘을 써도 시간의 무자비한 행진을 막을 수는 없다. 다른 이들이 아침 식사 시간에 자신들의 신체적 고통이나 질병에 대해 장황하게 늘어놓을 때, 우리는 내심 두려움을 느낀다. 우리는 더 이상 우리를 방문하고 싶어 하는 사람이 있을까 의심하기 시작한다. 92세의 한 신부님에게 지역 학교의 몇몇 소년들이 양로원을 방문하는 일이 어떤지 물어본 적이 있었다. 그는 "물론 아이들을 보는 건 좋은 일이지. 그런데 아이들 입장에서는 마치 동물원에 오는 것 같지 않을까!"라고 대답하였다.

나이 들고 생의 마지막을 향해가는 과정은, 변화가 더 나은 방향으로만 이루어진다면 결코 나쁜 것만은 아니라는 점을 깨닫게 해준다. 그렇다면 상상을 통해 우리의 미래를 탐구해 보도록 하자.

애벌레에서 나비로

우리의 죽음 속에서 야기되는 변모에 대해 내가 가장 좋아하는 이미지는 애벌레에서 아름다운 나비로 변하는 것이다. 여기에는 사람들이 상상할 수 있는 것보다 더 큰 무언가가 있다. 애벌레에서 나비로의 출현은 세 가지 다른 호르몬의 상호작용을 필요로 한다. 딱 알맞은 때에, 이 호르몬들이 빈약한 애벌레의 몸을 거의 완전히 허물어뜨린다. 그래야만 나비라는 어른벌레로 재탄생할 수 있기 때문이다.

그 후 어른벌레는 새로운 서식지에서 살며, 다른 먹이를 먹고, 새로운 능력을 시험해 보고, 보는 사람들에게 상상할 수 없는 아름다움을 드러낸다. 그러나 애벌레는 왕나비가 되면서도 자기 정체성을 유지한다. 변형되어 나타나는 것은 바로 이 애벌레이지 다른 애벌레가 아니다. 우리가 죽어가는 과정에서 벌어지는 일은 이것과 얼마나 비슷할까? 우리는 지금의 주거지, 음식, 능력, 외모를 당연하게 여기지만, 죽음 이후에는 새로운 주거지에 들어가게 되고, 놀라운 아름다움이 우리 안에서 나타나게 된다.

만약 변화가 시작되기 직전의 애벌레를 우리가 인터뷰할

수 있다면, 그 애벌레는 남은 수명 동안 애벌레의 상태로 남을 수밖에 없다고 체념한 듯 말할 것이다. 나비, 날개, 그리고 나는 것은 애벌레에게 아무 의미도 없을 것이다. 어느 화창한 오후, 멋진 양배추 잎에 애벌레들이 모여서 자기 삶의 의미에 대해 이야기를 나누고 있다고 상상해 보자. 애벌레들은 졸린 듯이 "새들이 우리를 잡아먹기 전에 먹고, 마시고, 즐기자!"라고 합의할 것이다. 그런데 그중 한 마리가 갑자기 몸이 녹아내리고 해체되기 시작하는 모습을 상상해 보라. 다른 애벌레들은 이렇게 말할 것이다. "어휴 끔찍해! 너무 수치스러워. 완전히 알아볼 수 없게 변했어. 자기가 잘났다고 우쭐대더니. 이제 걔 얘기는 하지 말자!"

그러나 만약 그들이 한때 친구였던 애벌레가 마치 부활과 같은 과정을 겪어나가는 것을 계속 지켜본다면 어땠을지 상상해 보자. 그들 가운데 냉소적인 애벌레들은 이렇게 말할 것이다. "나는 저런 옷차림으로 치장하지는 않을 거야. 난 그런 화려한 색깔을 좋아하지 않아. 게다가 그 애는 안전하지도 않잖아. 다음에 불어오는 바람이 그 애를 멀리 날려버릴 거야! 물론 이제 우리한테 말도 안 하겠지. 그 애는 끝난 거야!" 수줍음 많은 애벌레들은 조용히 이렇게 생각할 것이다. "휴, 나도 그 애처럼 되고 싶어. 너무 멋져 보여. 하지만 나에게 그런 일이 일어날 리가 없지. 나한테는 어울리지도 않을 거야."

우리는 애벌레들이 상상할 수도 없는 새로운 존재 상태를 위해 준비하는 과정을 지켜볼 수 있다. '변모 작전'은 광범위하게 나타나지만, 애벌레들은 순수하게도 그들 안에 어떤 본성이 내재되어 있는지 알지 못한다. 그들은 자신들의 변화를 스스로 만들어 낼 수 없고 만들어 내지도 않을 것이다. 애벌레는 양배추와 다른 식물을 좋아하는, 굼뜨고 움직이기 싫어하는 대식가다. 왕나비는 바람처럼 자유롭다. 먼 거리를 여행하면서 새로운 세계를 탐험하는 것을 좋아하고 사랑에 열려 있다. 나비 떼를 지켜보라. 그리고 나비들이 새로운 존재 형태 안에서 얼마나 행복한지 보라. 그들은 이전 상태에서 가졌던 한계를 기억하지 못한다. 나비들의 생애는 인간 부활의 겸손한 상징일 수 있다.

밀알

신약성경은 나비를 언급하지 않지만, 예수님은 비슷한 방식으로 밀알의 이미지를 활용하신다. 밀알이 열매를 맺으려면, 그 밀알은 땅에 떨어져 죽어야 한다.(요한 12,24 참조) 성 바오로는 코린토 청중들에게 죽음과 관련된 변모를 이해시키려 할 때 같은 이미지를 찾았다.(1코린 15,35–37 참조) 우리처럼, 코린토인들은 부활한 몸이 어떻게 생겼을지 알고 싶어 했다.

성 바오로는 씨앗과 무성한 나무 사이에 어떠한 시각적인 유사성이 없는 것처럼, 죽는 몸과 부활한 몸 사이에도 극적인 차이가 있을 것이라고 지적한다. 그러나 다른 식으로 보면 똑같을 수도 있다. 그는 우리 주위에서 발견되는 엄청난 다양성을 언급하면서, 부활의 영광이 지닌 스펙트럼에 대해 암시한다. 사물들은 이미 서로 간에 굉장히 다르다. 그렇다면 부활한 몸으로서 우리는 어떤 모습이어야 하는가? 바뀌는 건 흙에서 난 것으로부터 영적인 것으로의 변화다. 단 한 번 하느님의 창조적 능력의 손길을 통해 죄와 죄책감 그리고 죽음은 사라지고, 우리는 부패하지 않은 채 불멸의 존재가 된다. 친구 수녀님이 말하곤 했던 대로, 그야말로 '와우!'다.

거룩한 치유

치유와 관련된 또 다른 이미지는 미래에 일어날 당신의 변모를 이해하는 데 도움이 될 수 있다. 당신은 죽음의 순간에 하느님의 현존 속으로 들어가게 된다. 당신의 몸과 영혼 모두 아픔을 느낄지도 모른다. 당신의 삶에서 가장 중요한 이 순간을 위해 마음의 준비를 할 시간도 힘도 없다. 그러나 당신은 내면에 강한 선함, 곧 당신 안에 거룩한 불꽃을 지니고 있다. 머튼이 주장한 대로, 그 불꽃은 당신의 평범함과 죄에도 흔들리지 않는다. 당신이 만나는 하느님은 예수 그리스도의 하느님으로서, 그분의 치유 사목은 복음서 안에서 타오르고 있고 우리 모두가 온전히 하느님의 딸과 아들이 될 때까지 계속될 것이다. 그분의 치유 기적은 우리가 마지막에 누리게 될 완벽한 상태를 예견한다. 전례에서처럼 이러한 이야기를 들을 때마다, 당신은 그 내용을 자신에게 적용시켜 '이것은 나에게, 나의 영혼에게, 나의 육신에게 생길 일이다'라고 말할 수 있다. 예수님께서 회당장 야이로의 딸, 나인에서 과부의 외아들, 마르타와 마리아의 오빠 라자로(마르 5,21-42; 루카 7,11-17; 요한 11,1-44 참조)와 같이 죽은 이를 살리시는 이야기는 오랫동안 우리를 사로잡을 수 있다.

이러한 설명들은 하느님께서 당신을 치유하시는 만남의 현장 안으로 더욱 완전히 들어가도록 도와줄 수 있다. 주님께서 영성체를 통해 우리에게 오시는 성찬 전례 안에서, 우리는 '한 말씀만 하소서. 제 영혼이 곧 나으리이다'라고 기도한다. 하느님께서 진정 말씀을 하시면, 당신은 낫게 될 것이다. 성 바오로는 교회의 마지막 상태를 티나 주름 혹은 흠이 없는 상태로 묘사한다.(에페 5,27 참조) 우리는 최고의 모습으로 변화될 것이다. 진정한 자신이 되어 자신의 가능성을 인식하고 하느님처럼 되는 우리 삶의 임무는 곧 하느님의 임무이며, 하느님께서는 우리가 자신의 힘으로 결코 성취할 수 없는 것을 우리 안에서 이루실 것이다.

영원한 삶

마지막으로, 우리가 지금은 거울에 비친 모습처럼 어렴풋이 보지만(1코린 13,12), 그래도 영원한 삶 자체의 신비를 잠시나마 엿보는 것은 도움이 된다. 복음에서 계속 반복되는 주제는 하느님께서 예수님을 통해 죽음을 극복하셨다는 것이다. 인간은 죽음에 맞설 수 있는 어떠한 방어력도 없기 때문에, 죽음이라는 것은 종종 인간의 가장 큰 관심사로 그려진다. 그러나 영원한 삶에 대한 하느님의 약속은 단순하고 모든 것을 포용한다. 전통적인 표현은 요한복음에서 발견된다. 곧 "하느님께서는 세상을 너무나 사랑하신 나머지 외아들을 내주시어, 그를 믿는 사람은 누구나 멸망하지 않고 영원한 생명을 얻게 하셨다"(요한 3,16)는 것이다. 우리는 '생명'이 무엇을 의미하는지 이미 알고 있다고 생각하지만, 무엇보다 중요한 것은, 생명은 거룩한 실재이며 우리와 공유되는 현실이라는 점이다. 예수님은 사람들을 치유해 주시고 세상에서 살아가도록 회복시켜 주신다. 이는 마치 죽음이 어떠한 형태로든 존재하지 않게 하시려는 것처럼 보인다. 그분은 생명의 주인이시고, 우리와 그 생명을 풍성하게 나누려고 오신다.(5,26; 10,10 참조)

성 바오로에게 영원한 삶의 약속은 예수님의 부활에서 찾을 수 있다. 이는 그리스도인 신앙의 정수로서, 여기서 벗어난 그리스도인의 길은 의미 없는 속임수에 불과할 것이다. 죽음 이후의 삶에서 모든 합당한 희망은 예수님께서 우리를 위해 생명을 내어놓으셨고, 우리를 위해 다시 그 생명을 취하셨다는 사실에 근거한다. 우리 인간의 역량으로는 죽음 이후의 삶을 증명할 수도, 반증할 수도 없다. 이 세상에서 우리를 앞으로 나아가게 해주는 것은 '약속'이다. 약속이 사랑의 언어라고 얘기하는 이유는 여기에 있다. 신약성경에서 약속에 해당하는 말로 사용된 단어는 '기쁜 소식'을 뜻하는 복음과 관련이 있다. 하느님은 우리에게 모든 것을 완전하게 채워주겠다고 약속하신다. 그분은 모든 것을 포용하는 사랑이시기에, 우리는 앞서 말했던 영원한 삶의 '확실하고 분명한 희망'을 가질 수 있다.

기도 안에 머무르며

약속은 당신에게 무엇을 의미하는가? 당신은 약속과 관련하여 좋은 경험을 했는가, 아니면 나쁜 경험을 했는가? 당신과의 약속을 충실하게 지켜온 사람들에게 집중해 보라. 그러한 좋은 경험은 더 큰 하느님의 약속에 대한 믿음의 토대가 되어줄 수 있다.

이에 대해 예수님과 이야기해 보라. 그분은 세상이 기다린 약속된 분이시다. 그분은 이 약속을 완수하셨다. 이제 그분이 당신에게 기대어 새로운 약속을 하신다. 곧 당신은 영원한 삶을 누리게 될 것이라는 사실이다. 그분이 말씀하실 때 얼굴, 눈, 그리고 목소리에 주목하라.

당신은 이 관대함에 어떻게 응답하는가?

이건 내 이야기구나

우리는 작은 애벌레가 탈바꿈하는 것을 보았다. 그것은 우리가 죽을 때 겪게 되는 변모를 암시한다. 우리는 없어지는 것이 아니라 애벌레가 그랬듯이 '변화할 것이다.' 성 바오로는 이 믿음에 매혹되어 이를 '새 창조'라고 언급한다. "누구든지 그리스도 안에 있으면 그는 새로운 피조물입니다. 옛것은 지나갔습니다. 보십시오, 새것이 되었습니다."(2코린 5,17) 성 요한은 "보라, 내가 모든 것을 새롭게 만든다"(묵시 21,5)라고 말한다.

성 바오로는 우리의 변모가 이미 진행 중임을 강조하면서, "우리는 모두 너울을 벗은 얼굴로 주님의 영광을 거울로 보듯 어렴풋이 바라보면서, 더욱더 영광스럽게 그분과 같은 모습으로 바뀌어 갑니다. 이는 영이신 주님께서 이루시는 일입니다"(2코린 3,18)라고 말한다. 이 변화는 종종 감춰져 있다. 그러나 시간이 지나면서, 당신이 사랑하고 존경하는 사람들이 친절과 관용, 관심과 세심한 배려에서 성장하고 있다는 것을 느낄 수 있다. 성 바오로의 표현대로, 그들은 변모하고 있다.

죽음은 단지 이 모든 과정이 온전한 빛 속에서 드러나는 그 사이의 순간일 뿐이다. 우리는 죽지 않고 다시 사는 '부활의 자녀'가 된다. 그리고 우리가 하느님의 전부를 절대 이해할 수 없기에, 우리 안의 변화와 성장은 영원히 계속될 것이다. 천국은 비 오는 날 오후의 주일학교처럼 지루한 곳이 아닐 것이다! 우리는 하느님께서 주시는 작은 깨달음이나 순간적인 기쁨을 소중하게 여겨야 한다. 왜냐하면 우리가 지금 경험하는 것보다 진짜 천국의 모습은 상상할 수 없을 만큼 무한히 더 풍요로울 것임을 알기 때문이다.

풍부한 비유

이제 우리의 미래 상태에 관해 신약성경 여기저기에 흩어져 있는 풍부한 비유를 즐겨보도록 초대하고 싶다. 다음에 나오는 이야기들은 우리가 하느님의 세계로 완전히 들어가게 될 때 어떻게 될지를 알려주는, 부족하지만 소박한 시도다. 아래의 내용을 읽은 후 자신에게 이렇게 말해보라. '이건 내 이야기구나.'

우리는 부활할 것이다. 우리의 출발점은 부활하신 예수님께서 의심하는 제자들에게 어떻게 당신임을 알 수 있게 하셨는가에 대한 설명이다. 먼저, 그분은 소박하게 그리고 확고하게 현존하시는 것으로 묘사된다. 그분은 실재하시고, 제자들은 이것을 인정할 수밖에 없는 상황으로 몰린다. 죽음을 극복하게 되자, 제자들은 그분이 자신들과 함께 갈릴래아의 길을 걸으셨던 바로 그분임을 알게 된다. 공간과 시간은 그분에게 장애가 되지 못한다. 그분은 사물에 대해 권한을 갖고 계시고, 언제든 원하실 때 현존하실 수 있다. 그분은 당신 뜻대로 나타나실 수 있고 사라지실 수도 있다. 동산지기, 여행자, 식탁의 동반자로 자신을 감추기도 하신다. 무엇보다도 당신의 제자들을 위로하는 친구로서 스스로를 드러내신다. 그분은 제자들에게 평화와 기쁨, 용서와 사명을 주시고, 언제나 그들과 함께 있겠다고 약속하신다. 우리가 죽을 때 만나게 되

는 분이 바로 그분이며, 어떤 면에서는 우리도 그분처럼 되리라는 것을 알고 있다.(1요한 3,2 참조)

우리는 성령으로 가득할 것이다. 예수님은 당신의 삶 내내 성령의 인도를 받으셨고, 돌아가실 때는 생명을 주시는 성령을 우리에게 생수의 강으로 주셨다.(요한 7,37–39 참조) 우리는 성령 안에서 태어날 것이고 하느님의 생명인 성령과 함께 환히 빛날 것이다.(3,5 참조) 성령은 모든 내적 변화의 특별한 원천이시다.(이사 11,2; 에제 36,26 참조) 우리의 모든 은사는 성령을 통하여 활짝 꽃피울 것이다.(갈라 5,22 참조) 우리의 가장 깊은 내면에 살아계시는 성령께서는 우리를 하느님의 거룩함 속으로 인도해 주실 것이다.(로마 8,15 참조)

우리는 변화할 것이다. 하느님은 우리의 몸이 그분 영광의 몸을 따르도록 하기 위해서, 만물을 복종하게 만드는 권능을 통해 우리를 겸손의 몸으로 바꾸실 것이다.(필리 3,21 참조) 또 다른 곳에서 성 바오로는 이렇게 말한다. "이 썩는 몸은 썩지 않는 것을 입고 이 죽는 몸은 죽지 않는 것을 입어야 합니다. 이 썩는 몸이 썩지 않는 것을 입고 이 죽는 몸이 죽지 않는 것을 입으면, 그때에 성경에 기록된 말씀이 이루어질 것입니다. '승리가 죽음을 삼켜버렸다.'"(1코린 15,53-54) 우리는 하느님 자녀들의 자유를 가지게 될 것이다.(로마 8,21 참조)

우리는 명예의 자리를 차지하게 될 것이다. 우리는 하늘의 첫 번째 시민이 될 것이다.(필리 3,20; 히브 12,23 참조) 우리는 생명의 화관을 쓰고 하느님 아드님의 어좌에 그분과 함께 앉게 될 것이다.(묵시 2,10; 3,21 참조) 우리에게 새겨진 것은 하느님의 이름이다.(3,12 참조) 우리의 이름은 생명의 책에 적힐 것이고, 우리는 흰옷을 입을 것이다.(3,5 참조) 우리는 많은 일들에 대한 권한을 갖게 될 것이고, 놀랍게도 세상 심판 때에 우리의 역할을 하게 될 것이다.(마태 25,23; 루카 22,30; 묵시 2,26 참조)

우리는 빛날 것이다. 우리의 세상은 무대와 화면, 스포츠 스타들에게 사로잡혀 있지만, 성 바오로는 필리피인들이 이 세상에서 별처럼 빛나고 있음을 정작 그들 가운데 아무도 모르고 있다고 말한다.(필리 2,15 참조) 예수님은 당신의 제자들에게 그들이 세상의 소금이자 세상의 빛이라고 말씀하신다. 그분 자신이 밝게 빛나는 샛별이며, 우리에게 그 샛별을 주실

것이다.(묵시 2,28; 22,16 참조)

우리는 영광스러울 것이다. 영광은 본질적으로 중요하다는 의미다. 영광의 영원한 무게가 우리를 기다린다.(2코린 4,17 참조) "저는 깨어날 때 당신 모습[영광]으로 흡족하리이다."(시편 17,15) 그리스도는 우리 안에서 영광의 희망이시며, 우리는 그분과 함께 영광 속에서 나타날 것이다. 이것이 성령의 일이 될 것이다.(콜로 1,27; 3,4 참조) 그분의 영광이 우리를 압도하는 이유는 그리스도와 인류의 연결성 때문이다. 하느님의 백성은 흠이나 주름 없이 영광으로 눈부시며, 신랑을 위한 신부로 준비될 것이다.(에페 5,25-27; 묵시 21,2 참조) 이 영광의 상태는 고정된 것이 아니라 역동적이며, 우리는 한 수준의 영광에서 또 다른 수준의 영광으로 옮겨갈 것이다.(2코린 3,18 참조)

우리는 행복할 것이다. 하느님은 "그들의 눈에서 모든 눈물을 닦아주실 것이다. 다시는 죽음이 없고 다시는 슬픔도 울부짖음도 괴로움도 없을 것이다."(묵시 21,4) 하느님께서 행복하시기 때문에 우리도 행복할 것이다. 모든 슬픔이 사라지고 고통은 변모할 것이다.(1베드 4,14 참조) 현재의 고난은 우리 안에서 드러날 영광과 비교하면 아무것도 아니다.(로마 8,18 참조) 우리는 하느님의 기쁨 속으로 들어가게 될 것이다. 그것은 완성될 기쁨이고 어느 누구도 우리에게서 빼앗아 갈 수 없는 기쁨이다.(마태 25,21; 요한 16,20-24 참조) 우리는 생명나무의 열매를 따 먹을 것이고, 갈증을 채우기 위해 생명의 샘에서 솟는 물을 마실 것이다.(묵시 2,7; 21,6 참조)

우리는 하느님을 뵐 것이고, 하느님처럼 될 것이다.(1요한 3,2 참조) 이것이 무엇을 의미하는지 궁금해할 수도 있겠다. 하느님께서 영원한 사랑이시니, 우리 역시 사랑처럼 될 것이고 이 사랑이 모든 곳을 비출 것이라고 말할 수 있을까? 세상 창조 이후로 우리의 소명은 하느님의 현존 안에서 사랑을 통해 사는 것이었다.(에페 1,4 참조) 사랑은 서로를 닮게 만들고, 깊은 우정은 친구들 사이에서 점차 닮아가는 모습을 만들어 낸다. 예수님은 "나는 너희를 친구라고 불렀다"(요한 15,15)라고 말씀하셨다. 우리와 모든 것을 공유하시기 때문이다. 우리는 그분처럼 아버지를 알게 될 것이다.(마태 11,27 참조)

예수님의 약속은 이루어질 것이다. 참행복이 널리 퍼질 것이다.(루카 6,20-23 참조) 잃었던 사람들을 다시 찾고, 죽은 사람들이 살아날 것이다.(15,24 참조) 눈먼 이들이 보고, 귀먹은 이들이 들으며, 다리 저는 이들이 기뻐서 뛸 것이다.(7,22 참조) 감옥에 갇힌 이들이 자유롭게 되고, 가난한 이들은 부유하게 될 것이다. 하느님의 나라는 그 모든 영광 안에서 드러날 것이고, 예수님의 사명은 성취될 것이다.(4,18 참조)

우주는 변모될 것이다. 만물은 새롭게 될 것이다.(묵시 21,5 참조) 하느님은 모든 것 안에서 모든 것이 되신다.(에페 1,23 참조) "피조물도 멸망의 종살이에서 해방되어, 하느님의 자녀들이 누리는 영광의 자유를 얻을 것"(로마 8,21)이다.

기도 안에 머무르며

우연히 알게 된, 한 '보잘것없는 사람nobody'의 이야기를 하고자 한다. 내가 다니는 길목에서 자주 마주쳤던 그는 빈 커피 잔을 앞에 놓고 도움을 호소하곤 했다. 나는 그와 반갑게 인사를 나누고, 이따금 그에게 뭔가를 주기도 했다. 그러면 생기 없는 그의 얼굴에 미소가 번졌고, 눈은 반짝였으며, 그는 중얼거리듯 축복의 말을 건넸다.

한 달 전, 11월이었다. 나는 그가 길바닥에서 낡은 침낭과 신문지 조각에 의지하며 추운 밤을 지내고 있는 것을 보았다. 내가 그에게 묵을 곳을 얘기하자, 그는 고개를 저었다. 어떻게 해야 할까 잠시 생각하다가, 나는 집으로 돌아가 동전이 가득 담긴 그릇을 가져와 그에게 주었다. 그는 고마워하며 눈물을 흘렸다.

그런데 그 후로 얼마 동안 그의 모습이 보이지 않았다. 이상한 생각이 들어 그가 늘 있었던 자리로 가보았다. 거기엔 다 타버린 초들과 꽃들 그리고 '친애하는 아메드에게'라고 써있는 커다란 카드가 놓여있었다. 나는 그때까지 그의 이름을 몰랐다….

그는 어떻게 되었을까? 하느님께서 '아메드는 나의 사람'이라고 말씀하시는 아들로서, 드디어 '의미 있는 사람somebody'이 되었을까? 이 세상에서 가난한 라자로처럼 살았지만, 이제 하느님을 그분 존재 자체로 마주하게 되었으니, 하느님처럼 되었을까?

당신도 세상을 떠난 친구를 기억하며 예수님과 이야기를 나눠보면 어떨까? 그 친구가 지금 어떻게 지내고 있을지 마음속으로 그려보라. 그리고 이 모든 신비에 대해 주님과 이야기를 나누어 보라.

사랑이 나를 환영해 주네

영원한 생명의 하느님에 대해 우리가 무엇을 말할 수 있을까? 이 장의 제목은 조지 허버트의 〈사랑〉이라는 시의 첫 줄에서 가져왔다. 우주가 생기면서, 사랑은 당신을 무無에서 끌어내었다. 당신은 거룩해지고 하느님의 현존 안에서 사랑하며 살도록 선택되었다. 인생 내내 당신을 향해 미소를 지었던 이 신비로운 사랑은 고통과 혼란, 약함 속에 있는 당신에게 여전히 미소 짓고, 당신을 데려갈 준비를 하고 있다. 하느님의 사랑 안에서 당신은 안전할 것이다. 당신은 언제나 하느님의 사랑받는 존재다.

변화의 만남

다른 사람들과의 만남은 우리를 이러저러한 방식으로 변화시킨다. 가장 순수하고 급격한 변화는 우리가 하느님을 만날 때 일어난다. 하느님과의 전적인 만남에 수반되는 역동성을 이해하기 위해, 우리는 패트릭 조셉 카바나P. J. Kavanagh의 회고록 *The Perfect Stranger*(완벽한 이방인)를 잠시 살펴볼 필요가 있다. 그는 한 여성이 어떻게 자신의 초점 없는 삶 속에 들어와 자신을 영원히 바꿔놓았는지를 섬세하게 묘사하고 있다.

카바나는 같은 아파트에 사는 한 소녀에 대한 이야기를 들었다. 사람들은 그녀를 뭐라고 설명할 수 없는 특별한 사람이라고 생각했다. 어느 날 그는 소녀와 마주쳤는데, 키가 크고 당당해 보이는 그녀의 모습은 '특별한 후광'으로 둘러싸여 있었다. 그 소녀의 얼굴은 완벽했고 뭔가 독특한 점이 있었다. 그녀는 삶이 행복하다고 생각하는 어린 소녀의 단순함을 가지고 있었지만, 그렇다고 해서 단순함이 순진함을 뜻하는 건 아니었다. 그것은 어떻게든 노력해서 만들어진 것이었다. 그녀는 변할 수는 있지만 퇴색하지 않는 아름다움을 지니고 있었다. 그녀의 얼굴에는 생기가 넘쳤으며, 무너지지 않는 행복으로 빛이 났다.

카바나는 그녀를 처음 보았을 때 숨이 멎는 것 같았다. 그녀와 시간을 보내면서 그를 둘러싼 딱딱한 껍질이 떨어지기 시작하였다. 그는 깊은 잠에서 깨어나는 것 같았다. '마치 자신을 방어하듯 나를 감싸고 있던 팔이 활짝 펼쳐지면서, 내가 누구이고 어떤 존재가 되고 싶은지를 드러내는 것 같았다.' 새로운 힘을 얻은 그는 이제 자신의 시를 마무리하기 시작했다. 그녀에게 보여주고 싶어졌기 때문이다. 그는 그녀에게 친구가 많이 있다는 것을 알게 되었다. 그러나 만약 그녀가 오직 자신에게만 빠져있었다면 오히려 그녀를 떠났을 것이라는 사실을 동시에 깨달았다. 그녀의 마음은 누구에게나 차별 없이 열려있었다.

나는 샐리가 다른 사람들에게 미치는 영향력을 경이롭게 지켜보았다. 그들의 얼굴에서 얇은 막이 벗겨지면서, 미묘하게 모습이 바뀌었다. 마치 그들이 신뢰하는 누군가의 현존 안에 있기만 해도 완전히 다른 사람이 되는 것 같았다. 질투나 악함이 없는 누군가의 현존 안에서만 사람들은 투명해지고 사랑스러운 존재가 되었다.

그녀의 눈을 통해 보게 되자, 그가 한때 무시해 버렸던 사람들은 선한 사람들이었고, 그런 그들에게 화내는 것은 어려운 일이 되었다. 그녀는 단순히 관찰하는 것이 아니라 그녀가 만나는 사람들의 삶 속으로 완전히 들어갔다. 그녀의 순수함이 한쪽으로만 치우치지 않는다는 것을 깨달았고, 그래서 그에게 신비롭게 보였다.

성품이 깨끗하고 순수함을 잃지 않은 사람들은 마치 나침반처럼 언제나 올바른 방향만을 가리킨다. 그들은 주변 환경과 사람들을 자연스럽게 좋은 쪽으로 변화시키는 힘을 가지고 있다. (심지어) 성격이 모나고 과격한 사람들조차도 그들 앞에서는 오히려 더 솔직하고 진정한 자기 모습으로 돌아온다. 놀랍게도, 샐리는 이 모든 일이 자신의 영향력 때문이라는 것을 전혀 알지 못했다.

그녀를 한마디로 설명할 수 없다고 느낀 카바나는 이렇게 말한다. '우리는 진정한 힘, 부드러움, 열정, 아름다움을 마주하게 되면 침묵에 빠지게 된다. 그러한 것들은 본래 그렇다.' 그녀와 함께 있는 동안 그는 마치 거센 강물에 휩쓸려 가는 듯한 기분을 느꼈다. 언제든 강둑으로 돌아갈 수 있었지만, 물 위에서는 그저 방향을 잡는 척만 할 수 있을 뿐이었다. 그는 항상 누군가의 분명한 현존 안에서 지내는 것은 무척 놀라운 일이라는 사실을 알게 되었다. 삶이란 '끝없이 맑고 밝은 집과 같으며, 그 집에는 끊임없이 활짝 열려있는 방들이 있고, 샐리가 그 모든 방에서 감미롭게 노래를 부르고 있다. 그녀의 노랫소리는 참으로 놀랍고 마음을 편안하게 해준다.'

한 친구가 안부를 물었을 때, 그는 완벽할 만큼 행복하다고 말했다. 친구의 얼굴에도 그가 느끼는 것과 똑같은 행복함이 묻어나 있었다. '그것은 마치 내가 하느님과 대화를 나눴다고 선언하는 것과 같았다.'

바베트의 만찬

영화 〈바베트의 만찬〉(1996)은 우리가 지상에서의 삶을 마칠 때 무엇이 우리를 기다리고 있는지 또 다른 단서를 제공해 준다. 이 영화는 여러 신학적 분석보다 더 많은 것을 전해주고 있기에, 꼭 한번 감상해 보기를 적극적으로 추천한다.

2011년에 상영된 〈완벽한 이방인〉처럼, 이 영화도 우리가 그림자와 환영을 넘어 진실로 나아가도록 도와줄 수 있다.

영화의 주인공 바베트는 엄격하고 금욕적이고 편협한 사고방식을 가진 마을 사람들을 위해 완벽한 만찬을 준비하는 데 헌신적으로 일한다. 그녀에게 음식은 사랑의 행위이고, 최후의 만찬처럼 열두 명의 손님을 위한 그녀의 수고는 그 목적을 달성한다. 사람들은 그녀의 아낌없는 사랑에 탄복하고, 적어도 식사하는 동안에는 어떠한 적대감과 부정적인 태도도 보이지 않는다. 그들은 '은총은 조건을 달지 않는다'는 것과 자비는 거저 얻는 풍요로운 것임을 배운다. 또한 성가신 이웃들의 숨겨진 영광을 보게 되고, 세상이 거룩하다는 것도 깨닫게 된다. 그들은 삶을 부정하는 태도를 버리고, 부활의 영광을 맛보게 된다. 음식은 그냥 주어지는 친절과 선함에 대한 기쁜 축제다. 만찬을 즐긴 후 그들은 달빛이 비치는 마을 광장에서 춤을 추며 서로 응어리져 있던 감정을 풀기 시작한다.

영화는 그리스도교의 주제를 풍부히 담고 있다. 그 이유는 영화 안에서 자비가 승리하고, 슬픔이 기쁨으로 바뀌며, 용서가 퍼져나가고, 몸과 영혼은 풍성하게 생기를 얻기 때문이다. 마을의 책임자가 건네는 건배사는 그날 저녁을 한마디로 표현해 주며, 하느님이 어떤 분이신지를 말해준다.

우리의 눈이 열리는 때가 옵니다. 그리고 우리는 자비가 무한하다는 것을 깨닫게 됩니다. 우리는 그 자비를 신뢰하며 기다리고 감사해하며 받아들이면 됩니다. 자비는 아무 조건도 요구하지 않습니다. 자비와 진리는 서로 만나며, 자비와 진리는 어떤 성질이 아니라 거룩하신 위격들이십니다. 우리는 두려워할 필요가 없습니다. 우리가 선택한 모든 것은 우리에게 주어질 것이고, 우리가 어리석게 거절한 것조차 우리에게 다시 주어질 것입니다. 모든 것이 다 잘될 것입니다!

하느님께서 무대 중심에 서시다

많은 사람들에게 하느님에 대해 이야기하는 것은 죽은 언어와 같다. 만약 다가올 삶에 대해서 얘기하게 된다면, 그들은 하느님보다는 친구나 친척들을 만나는 것을 먼저 떠올린다. 천국은 일종의 천상 파티가 되겠지만, 그 안에서 주인은 별로 중요하지 않은 존재가 되어버린다. 그들은 술과 음식이 있는 곳에 자리를 잡고, 마음 맞는 몇몇 친구들과 어울려 즐거운 시간을 보내는 것이 중요하다고 생각한다. 어떤 희극인은 '영원에 대한 생각은 끔찍하다. 도대체 그것은 언제 끝난단 말인가?'라는 우스갯소리도 하였다.

영원한 생명으로 들어가는 것은 이런 것이 아니다! 우리가 암시한 대로, 그것은 다른 사람이나 주인들이 중심에 서지 않고 정류소도 모두 사라진 우주 파티다. 모든 인류가 모인 거대한 빛의 경기장에서 펼쳐지는 소리와 빛의 축제를 상상해 보라. 삼위의 하느님께서 한가운데 계시지만, 형식적인 모습은 아니시다. 삼위께서는 우리 모두의 내면으로 스며드는 순수한 사랑의 분위기를 퍼져나가게 하실 것이다. 하느님은 모든 것 안에서 모든 것이 되실 것이며, 우리 각자와 모든 피조물은 거룩한 사랑과 빛으로 비춰질 것이다. 우리는 어떤 식으로든 모두를 알게 될 것이다. 한 명에게 손을 흔들고 이어서 다른 사람에게 손을 흔들며, 마침내 모든 이가 모든 이에게 행복하게 손을 흔들게 될 것이다. 빛나는 화합이 넘쳐날 것이다. 인류 역사라는 대서사시는 영광스러운 절정에 도달하게 될 것이다.

머튼은 「새 명상의 씨」에서 우리 삶의 대부분은 슬픔과 불합리 그리고 절망의 먹잇감이 될 수 있다고 지적한다. 그러나 이것은 큰 문제가 되지 않는다. 어떤 절망도 현재의 상황을 바꾸거나 항상 존재하는 '우주의 춤'에 흠집을 내지 못하기 때문이다. 사실 우리는 그 춤의 한복판에 있고, 그 춤은 우리 가운데 있다. 우리가 원하든 원치 않든 간에 그 춤은 우리의 피 속에 흐르고 있기 때문이다. 그러나 우리는 의도적으로 우리 자신을 잊고, 거추장스러운 격식을 바람에 날려버리며 그냥 평범한 춤에 함께하도록 초대된다. 신학자 레오나르도 보프Leonardo Boff는 그의 저서 「삼위일체와 사회」에서, 머튼이 언급한 그 춤의 본질적인 면을 대략적으로 살핀다.

마지막에는 구원받은 인류의 축제가 있을 것이다. 그것은 해방된 자들의 천상 춤이고, 삼위일체의 고향이자 집에 있는 자녀들의 잔치다. 거룩한 피조물 안에서, 우리는 뛰고 노래하고, 성부와 성자와 성령을 찬미하고 사랑할 것이다. 그리고 삼위께서는 우리가 노래하고 춤추며, 사랑하도록 초대하실 것이다. 영원히 그렇게 하실 것이다. 아멘.

하느님께서는 무대의 중심에 서계실 것이다. 우리는 그분께 매혹되고 황홀해하며 열광할 것이다. 하느님께서 당신의 존재와 소유를 모든 이들과 나누시려는 친구이자 연인 그리고 주인으로서 그분을 찬미할 것이다.

우리의 마지막 긍정의 대답

제임스 조이스James Joyce의 「율리시스」 끝부분에서, 몰리 블룸이 반복해서 말하는 '네'라는 응답은 당신이 하느님을 만날 때 하게 되는 대답을 암시한다. 하느님을 만날 때, 당신은 완전히 그분께 자신을 내어드릴 것이다. 세상에서 사랑에 빠졌던 경험들은 앞으로 무슨 일이 일어날 것인지를 보여주는 단서이며, 그 경험들을 되돌아보는 것이 큰 도움이 될 것이다. 루이스는 우리가 하느님을 알아보는 데 아무런 문제가 없을 것이라고 말한다. 그 이유는, 하느님은 이 세상에서 겪는 모든 사랑의 경험을 동반하셨기 때문이다.

당신은 이제 사랑에 빠지는 언어를 배우도록 초대받는다. 사랑은 스러지지 않는 유일한 것이다.(1코린 13,8 참조) 당신의 삶은 사랑 안에 뿌리내리고 굳건히 자리 잡아야 한다. 성 바오로의 기도는 그의 서간을 읽는 이들이 인간의 모든 지식을 능가하는 그리스도의 사랑을 알게 해달라는 것이다.(에페 3,14-

19 참조) 아담이 하와를 알고, 하와가 임신했던 것처럼(창세 4,1 참조), 성경에서 '안다to know'라는 단어는 성적인 친밀함을 의미하는 것일 수 있다. 성적인 기쁨은 하느님과 온전히 함께하는 황홀한 기쁨을 암시한다.

환영한다!

당신은 파티에 도착하게 되면, 보통 초대한 사람이 당신을 원하고 당신의 동행을 즐기는지 아닌지 본능적으로 알 수 있다. 당신에 대한 환영의 수준이 모든 후속 상호작용을 결정할 수 있다. 무덤덤하게 '왔구나'라고 말하는 인사는 마음을 움직이지 못한다. 하느님은 당신을 어떻게 반기실까?

삼위일체이신 하느님을 만날 때, 엄청난 사랑이 당신을 기다리고 있기를 바랄 수 있다. 그분은 당신을 감싸안아 주실 것이다. 17세기의 어떤 신비가가 자신과 하느님의 관계를 요약한 내용을 앞서 인용하였다. '당신은 나를 바라보시고 미소를 지으셨습니다!' 그분이 앞으로 나오셔서 당신이 유일하게 중요한 사람인 것처럼 "나는 네가 집에 오기를 너무나 기다렸단다. 환영한다! 너를 위해서 모든 것을 준비했단다! 세상 창조 때부터 너를 위해 준비된 나라를 차지하여라! 네가 얼마나 성장했는지 보아라! 너에 대해서 전부 얘기해 주렴!"이라고 해주시는 말씀은 당신 귀에 음악 소리처럼 들릴 것이다. 하느님께서 당신을 극진히 맞아주시는 모습을 상상해 보라.

하느님의 잔치에는 초대받지 않은 손님은 없다. 모든 사람들은 놀랍게도 자신의 이름이 하느님의 손바닥에 새겨져 있음을 발견하게 될 것이다.(이사 49,16 참조) 그렇다면 우리는 삼위 한 분 한 분과 각각 다른 관계를 맺게 될 것인가? 확실히 그렇다. 거룩한 삼위께서는 참으로 분명하게 구별되시기 때문이다. 우리에게는 부모와 같은 존재가 필요하고, 형제자매가 필요하며, 사랑과 우정의 따뜻함이 필요하다. 성부와 성자와 성령은 이 세 가지 모두를 준비해 주신다.

다양한 형태를 띠는 하느님의 친밀함은 이 세상에서 그것을 엿볼 수 있는 특권을 받은 사람들을 끌어당긴다. 우리 모두는 작은 신비가가 되어야 한다. 칼 라너는 미래의 그리스도인들은 신비가가 되어야 하고, 그렇게 되지 못하면 그리스도인이 아니라고 말했다. 그때 그는 진리에 가까이 있었다. 바로 지금 당신이 하느님과 함께한다면, 삼위께서는 당신을 데려가기 위해 주저하듯 다가오실 것이다.(요한 14,23 참조) "보라, 내가 문 앞에 서서 문을 두드리고 있다. 누구든지 내 목소리를 듣고 문을 열면, 나는 그의 집에 들어가 그와 함께 먹고 그 사람도 나와 함께 먹을 것이다."(묵시 3,20)

하피즈는 영적 여정을 하느님과의 섬세한 체스 게임이라고 상상한다. 하느님께서 놀라운 한 수를 두시는 순간, 당신은 너무 기뻐서 넘어질 듯 웃음을 터뜨리며 "주님, 항복할게요!" 라고 외친다. 지금 이 상황이 너무 부담스럽게 느껴진다면, 적어도 사랑하는 누군가에게 마음을 빼앗겼던 경험을 떠올려 보라. 당신이 준비가 되어있건 아니건 간에, 죽음의 순간에 하느님을 만나게 되면 그분의 사랑이 당신을 완전히 압도할 것이다. 그때 하느님의 사랑은 이 삶에서 이루려 했던 모든 것을 완성할 것이다. 당신은 이 사랑이 계속되기를, 영원히 이어지기를 바랄 것이다. 그리고 그렇게 실현될 것이다.

멋지고 매력적인 신비

뉴먼의 좌우명은 '그림자와 환영을 넘어 진리로'였다. 요한 복음에서도 두 제자가 예수님께 "어디에 묵고 계십니까?"(요한 1,38) 하고 물었을 때, 그들은 그 단순한 질문이 얼마나 심오한 것인지 모르고 있었다. 오직 그분을 따르면서, 비로소 그들은 자신들의 목적지가 신성한 영역이라는 것을 알게 되었고, 그들은 점차 예수님께서 성부와 성령과 맺으셨던 관계 속으로 인도되었다.

우리는 지금 하느님의 원대한 계획에 대해 많은 것을 알지 못하지만, 현실에 대해 더 알고 싶어 하는 욕구를 지니고 있다. 지식은 우리를 만족시켜 주는 반면에 끝없는 질문도 불러일으킨다. 우리는 교육을 지지하고, 과학적 연구를 존중하며, 다큐멘터리를 보고, 흥미로운 이야기를 즐기고, 지구를 탐험하며, 우주의 거시적이고 미시적인 차원을 탐구한다. 이 모든 것은 하느님께서 우리에게 주신 본성의 작용이다. 그러나 삶이 마지막을 향해갈 때, 우리는 그 어느 때보다 하느님이 얼마나 신비로운 분이신지를 더욱 인지하게 된다.

루돌프 오토Rudolph Otto의 말을 빌리자면, 하느님은 '멋지고 매력적인 신비'이시다. 우리는 현세의 삶에서 신앙에 머뭇거리거나 기도 안에서 하느님과 만날 시간을 마지못해 내어주고, 만연해 있는 악과 고통으로 인해서 그분의 무한한 선하심을 의심할 수 있다. 그리고 '더 긴급한' 일들이 우리의 정신과 마음을 사로잡아 버릴 수 있다. 또한 그리스도처럼 되려고 애쓰기보다는 어떤 유명 인사를 닮는 데 더 많은 에너지를 쓸 수도 있다. 그러나 죽음을 맞이할 때, 다가올 세상의 빛이 우리를 비추고 우리를 둘러싸고 위협하는 어둠을 몰아낼 것이다. 하느님과 관련하여 인간의 마음과 정신을 깊이 탐구한 뉴먼처럼, 우리는 안개와 어둠에서 벗어나 충만한 빛 속으로 들어가게 될 것이다.

기도 안에 머무르며

"삼위일체의 하느님이시여, 제 마음을 두드려 주소서!" 시인 존 던은 이렇게 말했다. 하느님은 정말 당신의 마음을 두드려 주시는가? 우리는 때로 하느님을 우리에게 꼭 맞는 모든 것을 만들어 주시는 재단사로 생각한다. 그러나 하느님은 조각가가 되기도 하신다.

오래된 기도문에 따르면, 하느님은 여러 차례의 시련을 통해서만 우리를 당신의 성전에 합당한 돌로 만드실 수 있다고 하였다.

삶에서 겪는 충격, 실망, 굴욕, 배신, 그리고 좌절에도 의미가 있을 수 있다. 그 모든 아픔과 고통 속에서도 하느님은 당신 안에서 일하시며, 당신이 사랑 안에서 성장하도록 이끌어 주신다. 행복한 경험뿐만 아니라 힘든 경험도 주님과의 만남을 통해 변화를 가져올 수 있다는 것을 믿을 수 있는가? 당신이 이를 어렴풋하게나마 깨닫도록 그분께 도움을 청해보라.

잠시 예수님과 함께 그분의 삶에서 힘들었던 순간들을 기억해 보며, 어떻게 그것을 이겨내셨는지 여쭤보는 건 어떨까? 마지막에 당신은 이렇게 말할 수도 있다. "주님, 모든 것을 통해 제가 사랑 안에서 성장할 수 있도록 저를 위해 기도해 주십시오."

그분이 고개를 숙이고 눈을 감으며 당신을 위해 기도하시는 모습을 바라보라. 당신은 어떤 느낌이 드는가?

빛나는 약속

이제 삶에 대한 탐구는 잠시 멈추고, 복음에 근거하여 죽음의 순간과 '불멸에 대한 빛나는 약속'에 관해 진지하게 생각해 보자. 앞서 살펴본 대로 뉴먼도 〈제론시오의 꿈〉에서 이에 대해 다루었기에, 우리는 그의 훌륭한 성찰을 참고할 것이다.

내가 마지막으로 잠에 빠져드는 것을 상상해 본다. 나에게 무슨 일이 일어나는지 통제할 수 없다. 나는 꿈속에 갇혀 있는 듯 헤매고, 발버둥 치며, 무력감을 느낀다. 꿈은 길게 느껴질 수 있지만, 어느 순간 누군가 내 이름을 부드럽고 사랑스럽게 부르고 있다는 것을 깨닫는다. 동이 틀 무렵 안개 낀 호숫가에 있던 제자들처럼, 나는 그 음성을 알아듣고 속삭인다. '주님이시다.' 그분이 계시고, 그분의 눈길과 미소가 내 존재의 가장 깊은 곳까지 닿아 나는 기쁨에 휩싸이게 된다. 그분은 함께 가자고 나를 초대하시고, 나는 아담의 창조를 그린 미켈란젤로의 작품에서처럼, 그분의 강하면서도 생명을 주는 손을 잡는다. 내 몸은 활기를 되찾고 경쾌해진다. 나는 그 어느 때보다도 더욱 깊이 내 주변에 있는 모든 것의 색깔, 모양, 소리를 파악하기 시작한다. 그리고 그분이 나를 위해 음식을 준비해 주셨다는 것을 알게 된다. 그분은 내가 새로운 환경을 받아들일 공간을 내어주시고, 나는 그분과 함께 조용히 자리에 앉는다.

그분은 내가 가져온 것을 돌아보라고 이끄신다. 놀랍게도 내 인생을 통틀어 사랑으로 행했던 모든 것들이 내 주변에 있었다. 윌리엄 워즈워스William Wordsworth의 시 〈틴턴 수도원〉에 나오는 한 구절처럼, '작고 이름 없고 기억되지 않는 친절과 사랑의 행위들' 말이다. 이것은 내 삶을 형성했던 더 큰 행위들, 곧 가족에 대한 보살핌, 맡은 일에 대한 충실함, 고통을 참는 과정에서의 용서와 화해 그리고 인내와 같은 것들 옆에 놓인 작은 보석과 같다. 내가 기도하며 하느님께 내어드린 시간들, 그리고 사랑하는 사람들을 위해 바쳤던 모든 지향들도 그 안에 있다. 우리의 착한 행실이 우리와 함께 간다는 것, 사랑은 죽음으로 끝나지 않는다는 것을 깨닫게 된다. 그분은 모든 것에 관심을 보이시며, 내 영혼을 담아 이야기하라고 초대하신다. 예전에는 아무도 내 말을 이렇게 깊이 들어준 적이 없었다는 생각이 든다.

갑자기 어떤 그림자가 내 마음을 휩쓸고 지나간다. 나의 실패와 부족함, 이기심과 사람에 대한 무관심도 드러나는 것인가? 마음이 불안해지기 시작한다. 예수님은 이를 알아채시고, 나에게 몸을 기울이시며, 다시 나의 이름을 부르시고는 아주 부드럽게 물으신다. '너는 나를 사랑하느냐?' 그때 나는 예수님께서 이미 내 삶의 어두운 면을 알고 계신다는 것을 깨닫는다. 그분께 중요한 것은 그분의 마음이 나에게 고정되어 있듯이, 나의 초라하고 비뚤어진 마음이 이제 그분께 고정되어 있느냐는 것뿐이다. 아침 호숫가에서의 베드로처럼, 나는 이렇게 말한다. '주님, 당신은 모든 것을 아십니다. 제가 당신을 사랑하는 줄을 알고 계십니다.' 그것으로 충분하다.

나의 죄스러움은 사라졌다. 가만히 다가와 안아주시는 그분의 손길에 가슴이 떨려온다. 나의 몸과 마음이 치유되는 것을 느낀다. 내가 물려받은 장애, 평생 동안 겪었던 감정적 상처들, 실패와 죄들, 이 모든 것들이 낫게 되고, 나는 나 자신의 온전함과 진정성을 경험하게 된다.

어쩌면 나는 내가 그분을 기쁘게 해드렸고, 이 모든 것이 그분이 하신 일이라는 사실을 깨닫고 눈물을 흘릴지도 모른다. 그때 예수님이 이렇게 말씀하시는 목소리가 들린다. '잘하였다, 착하고 성실한 종아. 이제 내가 너에게 많은 일을 맡기겠다. 와서, 세상 창조 이래로 너를 위해 준비한 나라를 차지하여라. 내가 굶주렸을 때 너는 내게 먹을 것을 주었고, 내가 목말랐을 때 마실 것을 주었으며, 내가 집이 없을 때 쉴 곳을 주었고, 내가 추위로 떨고 있을 때 옷을 주었으며, 내가 아팠을 때 병문안을 와주었고, 내가 감옥에 있었을 때 너는 나를 잊지 않았다.'

어느 순간 내가 작은 사랑과 친절을 보여주었던 사람들이 내 주위로 모여든다. 그들이 기쁨에 찬 얼굴로 나에게 미소를 짓는다. 거기에는 또 다른 얼굴들도 있다. 대부분 기억은 잘 나지 않지만 내가 도움을 주었던 사람들, 그리고 내가 알지 못했지만 나를 도와주었던 사람들이다. 어떤 의미에서 나는 그들에게 친구였다. 나는 선한 영향력을 갖고 있었고, 그리스도의 몸 안에서 모든 사람들을 하나로 묶어주는 위대한 사랑의 사슬에서 연결 고리이기도 했다.

내 주변에 정체불명의 사람들은 없었다. 각자 고유한 방식으로 거룩한 이미지를 발산하고 있다. 내가 그들 모두를 사랑하고 그들 각자가 나를 사랑한다는 것을 안다. 그런 분위기에서 용서는 서로 쉽게 이루어진다. 내게 아주 가까이 계신 분은 평생토록 나를 지켜보셨던 삼위의 하느님이시다. 그분은 나를 내면에서부터 최고의 나 자신이 되게 하신다. 경배, 찬미, 흠숭, 그리고 감사가 내 안에서 솟아오른다.

내가 한 차원의 영광에서 다른 차원으로 끝없이 변모해 가는 동안 모든 것이 빛과 움직임뿐이다. 나는 나의 창조와 구원의 경이로움 속에서, 그리고 나를 위한 하느님의 고유한 섭리 안에서 끝없는 기쁨을 경험하기 시작한다. 모든 은하계를 다스리시는 하느님은 우주의 신비를 내게 펼쳐 보이신다. 잔치와 춤이 시작되고, 나는 가장 위대한 이야기에서 내 삶의 이야기를 하도록 초대받는다. 그리고 다른 사람들이 들려주는 자신만의 이야기를 열심히 듣는다. 나는 다른 모든 이들의 기쁨, 특히 하느님의 기쁨을 경험한다. 그분의 눈은 마치 내가 그 거룩한 기쁨의 특별한 중심인 것처럼 나를 밝혀주시는 것 같다. 우리 각자는 탕자이지만, 어느 누구도 이 잔치에서 소외된 사람은 없다. 우리 모두는 여기에 속해있으며, 우리 가운데 잃어버려도 되는 사람은 단 한 명도 없다. 이제 놀라움을 머금은 웃음이 퍼져나간다. 하느님의 머드파이로서 너무나 초라하고 가능성도 없어 보이던 우리에게 이 모든 일들이 실현될 것이기 때문이다!

이 모든 것이 그대로 이루어지소서. 아멘.